协同创新理念下
高职院校实验室管理机制研究

丁 佳 ◎ 著

吉林大学出版社
·长春·

图书在版编目(CIP)数据

协同创新理念下高职院校实验室管理机制研究 / 丁佳著. --长春：吉林大学出版社，2023.8
ISBN 978-7-5768-2142-0

Ⅰ.①协… Ⅱ.①丁… Ⅲ.①高等职业教育－实验室管理－研究 Ⅳ.①G718.5

中国国家版本馆 CIP 数据核字(2023)第 185900 号

书　　名	协同创新理念下高职院校实验室管理机制研究 XIETONG CHUANGXIN LINIAN XIA GAOZHI YUANXIAO SHIYANSHI GUANLI JIZHI YANJIU
作　　者	丁　佳
策划编辑	张维波
责任编辑	张维波
责任校对	杨　宁
装帧设计	繁华教育
出版发行	吉林大学出版社
社　　址	长春市人民大街 4059 号
邮政编码	130021
发行电话	0431-89580028/29/21
网　　址	http://www.jlup.com.cn
电子邮箱	jldxcbs@sina.com
印　　刷	三河市腾飞印务有限公司
开　　本	787×1092　1/16
印　　张	11.5
字　　数	210 千字
版　　次	2023 年 8 月　第 1 版
印　　次	2024 年 4 月　第 1 次
书　　号	ISBN 978-7-5768-2142-0
定　　价	76.00 元

版权所有　翻印必究

前言 PREFACE

实验室是国家科技创新体系的重要组成部分,高校实验室在高等教育人才培养中发挥着重要作用。近年来,学校在深入贯彻新时代思想,加快建设一流大学和培养一流人才的过程中,以世界一流的标准和开放共享的建设模式以及智能化的运行管理手段,高度重视和加强实验室建设与管理工作,为人才培养、科学研究、文化传承提供了有力的实验条件支撑。自创新意识得到越来越多的人的重视以来,协同创新这一划时代意义的创新范式已经在各大高校开展实施,这是发挥国家意志实现有组织创新的重大步骤,具有重大的理论与现实意义。协同创新的要义是指,促进政产学研用等多主体间的深度整合、紧密融合,集中优势力量联合攻关,通过全面开放、深度合作,实现价值创造、引领创新。协同创新对于真正提高创新能力,保持我国经济的持久繁荣、科技的进步和人才的高效培养,具有极为重要的意义。

《协同创新理念下高职院校实验室管理研究》一书是在教育部高等教育教学改革的大政方针的指引下,紧紧围绕"高校实验室协同创新管理模式的研究与实践"这一命题展开深入研究的。第一章从协同创新的管理理念入手,在协同创新理念的背景下探究了高职院校实验室管理的发展。第二章首先以实验室的重要意义阐述了高职院校实验室管理的重要性;其次,通过对高职院校实验室管理现状与发展的探究,总结了高职院校实验室管理的特征,以及高职院校实验室的任务、原则和目标;最后,通过探析高职院校实验室队伍建设的重要意义与策略,促进高职院校实验室管理的完善。第三章从高职院校实验室仪器设备管理、实验教学管理、实验技术队伍管理、大型仪器设备开放共享管理、实验室信息化管理和实验室资源优化配置与科学管理等方面阐述了高职院校实验室管理的内容。第四章通过对国外高职院校实验室的管理方式和管理经验的探索,论述了国内高职院校实验室管理的不足之处,以此取长补短,来完善国内高职院校实验室的管理。第五章首先以协同创新理念与高职院校实验室管理的融合,阐述了协同创新理念下高职院校实验室管理的发展目标,研究实验室协同创新机制和实验室协同创新管理模式的运行机制;其次通过探究高职院校实验室校企协同管理的创新形式,以此促进高职院校实验室管理机制的完善。第六章以案例的形式阐述了高职院校实验室协同管理的方式方法,主观地为读者展现了实验室协同育人的路径,为参与高职院校实验室协同创新发展的教育工作者提供详细的参考理论和模式。

本书在编写的过程中参阅了许多相关文献资料、研究成果,在此向各位老师表示衷心感谢。由于本人水平有限,书中难免存在疏漏之处,敬请读者批评指正。

项目名称:学徒制特色发展背景下高职"五育并举"人才培养体系的构建研究编号(D/2021/03/63)

编 者

2023 年 4 月

目录 CONTENTS

第一章　协同创新管理概述 ··· 1

　　第一节　协同创新的现实背景：从创新资源的封闭、分散到整合、协同 ······ 2
　　第二节　协同创新的理论背景：从独立创新、开放式创新到协同创新 ······ 11
　　第三节　协同创新的内涵本质：知识增值 ································ 32
　　第四节　协同创新的共享机制：知识协同 ································ 39
　　第五节　协同创新与高校实验室管理的融合发展 ·························· 46

第二章　高职院校实验室管理理论 ·· 51

　　第一节　高职院校实验室管理的重要意义 ································ 52
　　第二节　高职院校实验室管理现状与发展 ································ 54
　　第三节　高职院校实验室管理的特征 ···································· 62
　　第四节　高职院校实验室管理的任务、原则与目标 ························ 63
　　第五节　高职院校实验室队伍建设与策略 ································ 66

第三章　高职院校实验室管理内容 ·· 73

　　第一节　高职院校实验室仪器设备管理 ·································· 74

第二节 高职院校实验教学管理 ·· 84
第三节 高职院校实验技术队伍管理 ··· 87
第四节 高职院校实验室大型仪器设备开放共享管理 ··················· 96
第五节 高职院校实验室信息化管理 ··· 104
第六节 高职院校实验室资源优化配置与科学管理 ······················ 109

第四章 高职院校实验室管理模式 ·· 113

第一节 发达国家高职院校实验室管理模式 ································ 114
第二节 国外高职院校实验室的管理特点 ··································· 116
第三节 国外高职院校实验室的管理经验 ··································· 117
第四节 国外高职院校实验室管理对我国高职院校实验室管理的启示 ··· 122

第五章 高职院校实验室协同创新管理机制构建 ························· 127

第一节 构建的指导思想和基本原则 ··· 128
第二节 协同创新实验室构建的目标 ··· 133
第三节 高职院校实验室协同创新机制的构建 ···························· 136
第四节 高职院校实验室协同创新管理模式的运行机制分析 ········· 139
第五节 高职院校实验室校企协同管理的创新形式 ······················ 145

第六章 高职院校实验室协同创新管理实践案例 ························· 149

第一节 高职院校开放性实验室运行机制的体系建设 ·················· 150
第二节 广东科学技术职业学院提高产学研协同创新水平的对策 ··· 153
第三节 协同创新背景下电子商务专业实验室管理新模式探讨 ······ 158

第四节　美术院校实验室协同创新平台共建共享探析……………… 161

第五节　高职院校专业群与中小企业协同创新模式案例研究………… 164

参考文献……………………………………………………………………… 172

第一章

协同创新管理概述

第一节　协同创新的现实背景：从创新资源的封闭、分散到整合、协同

要实现"2020年成为创新型国家，2050年成为世界科技强国"的目标，我国面临着复杂而艰巨的困难和挑战，能源资源和生态环境已经成为经济与社会发展的制约。我国自主创新能力尚不强大，若干关键核心技术受制于人，产业结构调整、核心竞争力提升的任务十分艰巨。令人欣喜的是，我国在自主创新的伟大战略基础上，进一步提出了协同创新这一划时代意义的创新范式，这是发挥国家意志实现有组织地创新的重大尝试，具有重大的理论与现实意义。可以预见，在协同创新的指导下，中国的自主创新将呈现更快更好的发展态势。

企业是创新的主体，大学和科研机构是创新的源泉。协同创新的要义，就是要促进政产学研用等多主体间的深度整合、紧密融合，集中优势力量联合攻关，通过全面开放、深度合作，实现价值创造、引领创新。协同创新的目标是要推动一批重大创新成果的规模示范和产业化，产生一批世界领先水平的原创性成果，突破一批关键核心技术，实现重点领域的跨越发展，创造更具有合作性、更开明的创新文化。协同创新对于提高企业创新能力，提高高等教育质量，保持我国经济的持久繁荣、科技的进步和人才的高端培养，具有极为重要的意义。

一、创新与国家竞争力

（一）创新的概念与意义

创新，是以新思维、新发明和新描述为特征的一种概念化过程。它起源于拉丁语，有三层含义：第一层含义，更新；第二层含义，创造新的东西；第三层含义，改变。创新是增长和获利的关键驱动力，能使组织获得超群的增长。自从商业研究开始，创新就被认为是促进组织健康成长的关键因素。面对竞争激烈的国际市场，技术创新已成为经济增长、产业发展和企业竞争力提高的最主要源泉。

创新正日益成为企业生存与发展的不竭源泉和动力。在科技飞速发展的今天，创新知识的数量和技术复杂性日益增加，产品生命周期日益缩短，学习模仿变得越来越困难。随着对技术进步理解的加深，经济学家们发现技术转移是非常

困难的，甚至连模仿都非常昂贵。技术的复杂性使得学习成本上升，模仿者需要更强的吸收能力才能消化吸收他人的创新成果。后发者的学习周期大大延长，甚至赶上了先发者的创新周期。当先发者完成新一代创新的时候，后发者才刚刚学会前一代的创新成果。因此后发者陷入了依附的陷阱，模仿创新的后期进入无机可乘、跟进策略难以奏效的困境。在以技术变化迅速和产品周期不断缩短为特征的竞争环境中，企业的自主创新能力对建立和维持竞争优势显得尤为重要。自主创新是维持长久竞争优势的动力源泉，是一个企业核心能力和旺盛生命力的体现。

（二）创新型国家建设

创新能力是国家竞争力的核心。第二次世界大战后世界经济的快速增长主要归功于研发推动的技术进步。科学技术的进步与创新是经济社会发展的决定性力量。一个国家，如果不具备创新能力，就会失去未来发展的主动权。

创新型国家是指以技术创新为经济社会发展核心驱动力的国家。目前世界上公认的创新型国家有美国、日本、芬兰等。创新型国家的共同特征是：国家和社会对创新活动的投入高，重要产业的国际竞争力强，投入产出的绩效较高，科技创新在产业发展和国家的经济增长中起重要作用。

国家对深化科技体制改革、加快创新型国家建设提出了六个意见。第一，进一步推动发展更多依靠创新驱动，坚持把科技摆在优先发展的战略位置，把科技创新作为经济发展的内生动力，激发全社会创造活力，推动科技实力、经济实力、综合国力实现新的重大跨越。第二，进一步提高自主创新能力，大力培育和发展战略性新兴产业，运用高新技术加快改造提升传统产业，加快农业科技创新，发展关系民生和社会管理创新的科学技术，推进基础前沿研究。第三，进一步深化科技体制改革，着力强化企业技术创新主体地位，提高科研院所和高等学校服务经济社会发展的能力，推动创新体系协调发展，强化科技资源开放共享，深化科技管理体制改革。第四，进一步完善人才发展机制，坚持尊重劳动、尊重知识、尊重人才、尊重创造的重大方针，统筹各类人才发展，建设一支规模宏大、结构合理、素质优良的创新人才队伍。第五，进一步优化创新环境，完善和落实促进科技成果转化应用的政策措施，促进科技和金融结合，加强知识产权创造、运用、保护、管理，在全社会进一步形成讲科学、爱科学、学科学、用科学的浓厚氛围和良好风尚。第六，进一步扩大科技开放合作，提高我国科技发展的国际化水平，在更高的起点上推进自主创新。为此，中国的自主创新需要更多的制度创新，协同创新就是其中重要的战略选择。

二、我国创新能力现状

我国创新能力和发展的现状是：我国科技取得的巨大进步与科技创新体制的问题丛生之间有着无法回避的矛盾。但是，对我国创新能力的解读，依然是理解我国经济发展的一个重要窗口。

我国是一个经济和科技大国，但远远不是经济和科技强国，我国是产业大国，却不在产业强国之列。追求和实现产业和科技强国之梦，唯有依靠更先进的创新理念、机制与模式。

我国创新资源分散、封闭、缺乏整合，而我国的经济发展处于重大转型关口，行业技术创新仍然普遍存在分散、封闭等突出问题，还没有建立起大协同的机制体制。企业之间由于利益竞争，相互之间技术壁垒严重，缺少研发合作；企业与高校、科研院所之间的合作大多也是独立分散进行，企业的新产品研制活动与大学、研究机构的科研项目相分离。

目前的国家创新体系还是以国家重点实验室为中心，科研资金被大量投入高校和科研院所，而高校和科研机构一般从事的是基础性和纯技术性的研究，关注的结果大多为论文和专利，而非产业化。由此可见，现阶段的科研体系并没有真正起到支撑企业自主创新和直接促进国家创新体系整体提高的作用。正因为科研和产业之间这种分散的、各自为战的封闭状态，使得我国科研单位向企业转移技术困难，新技术成果转化率相当低，科技成果的转化成功率较低，导致科技竞争能力并没有按投入产出比提高，造成了有限科技资源的巨大浪费。

此外，除了新技术成果转化率低以外，研发与创新资源分散、封闭的局面，也使得行业在重大关键技术上难以突破，再加上当前技术发展的跨学科特征和日益激烈的全球化竞争，创新过程正变得越来越复杂，没有一个组织能在资源和相关技术领域取得完全优势，因此，只有在各组织之间形成创新联盟，合力攻关重大关键技术才有希望取得成功。

由此可见，我国自主创新能力不足的根本原因并不是缺乏好的创意和科技能力，而是创新的模式和管理创新的过程存在问题，孤立创新很难适应快速变革的技术发展和动荡的市场环境。企业内部的科技资源和外部大学、科研机构的丰富创新资源相脱离，是当今我国企业自主创新能力落后的主要原因之一。

显然，各创新主体间应充分利用外部的知识和资源，通过组织间的合作获得互补的知识和技术，整合各自的研发资源，合力进行技术攻关。因此，企业的创新在与其他企业和大学或者研究机构建立广泛联系的基础上才能不断地提高技术创新的效率与效益。

三、从封闭、分散走向整合、协同创新

（一）协同制造——协同创新的先期基础

协同制造（collaborative manufacturing，CM）是网络经济和知识经济下诞生的先进制造模式，它强调组织间的协作和全社会范围内的资源共享，并以此实现产品设计制造低成本高效率的目标。国际制造执行系统协会（manufacturing execution system association，MESA）将协同制造定义为：一种支持产品整个生命周期的、以客户和供应商的早期介入为特征的客户、供应商、制造商三方协同的工作模式，其目的是让所有适合的个人和组织协同工作，运用各自的信息、资源，制定更好的决议。

从过程和模式来看，协同制造通过充分利用网络技术、信息技术，实现供应链内部及跨供应链间的产品设计、制造、管理和商务等协同合作。换句话说，协同制造融合了敏捷制造、虚拟制造、网络制造和全球制造等因素，打破了时空的约束，通过改变业务经营模式来达到企业资源最充分利用的目的。它借助互联网，使整个供应链上的企业和合作伙伴共享客户、设计、生产经营信息。从传统的串行工作方式转变成并行工作方式，从而在原来的基础上大幅缩短生产周期，快速响应客户需求，提高设计和生产的柔性和效率。同时，协同制造通过面向工艺、面向生产、面向成本、供应商参与等多元设计的方式，大大提高了产品的设计水平、可制造性以及成本可控性，从而降低了生产经营成本，提高了产品和服务质量，也因此提高了客户满意度。

从范围来看，协同制造是一个应用十分广泛的概念，包括企业内部的协同和供应链范围内的协同，即企业间的协同。企业内部的协同制造是一种基于OPT（optimized production technology）的生产组织方式，体现了一种基于企业目标来评价各项生产经营活动的一系列原理、程序和技术的全方位的生产管理理念。

从资源利用的角度看，协同制造将企业生产系统的瓶颈作为重要分析与研究

对象，以物流同步化作为基本手段，通过拉式与推式两种生产方式的有机结合使瓶颈资源的利用达到最优化，缩短生产等待时间和生产周期，提高整个生产系统的有效产出率。

(二)协同创新，培育创新基因，穷究创新之道

基于"协同"的概念和"创新"的理论，结合"协同制造"的先期基础，协同创新(collaborative innovation)的定义由美国麻省理工学院斯隆中心(MIT Sloan's Center for Collective Intelligence)的研究员彼得·葛洛(Peter Gloor)提出，协同创新是指由自我激励的人员组成的网络小组形成集体愿景，借助网络交流思路、信息及工作状况，合作实现共同的目标。[①]

传统的创新往往封闭于单一的范围之内，局限于体制、区域等条件，无法集成各领域的资源、技术和成果，从而导致创新效率低下的结果。而协同创新是对创新资源和要素的有效汇聚，通过突破创新主体间的壁垒，对人才、资本、信息、技术等创新要素进行充分地整合与流动，共享科技成果和技术资源，减少资源的分割、重复和浪费，能够有效地提高社会的创新效率。换句话说，协同创新能够突破学科、系统行业的壁垒，打破部门、区域，即体制的限制，促进创新要素向企业集聚，实现科技资源共享，推动科技体制改革深化。协同创新意在大力推进高校、科研院所、行业企业、政府以及其他中介机构之间的深度合作，探索适用于不同需求的创新模式，营造有利于创新的环境和氛围。

协同创新已是当今世界科技创新活动的新趋势，成为整合创新资源、提高创新效率的有效途径。美国硅谷之所以能诞生苹果、惠普、英特尔等一大批世界著名的高科技企业，很大程度上得益于硅谷所在地政府、企业、大学、科研机构以及其他中介机构的合作创新生态系统，即深层次的科技力量整合、创新资源共享、创新人才集聚的创新模式——协同创新。

(三)协同创新的两个维度——整合与互动

协同创新的先期基础是合作创新。合作创新早已不是一个新概念，合作创新是指技术供给方与技术需求方作为独立的经济行为主体，以技术合同为基础，依照各自的优势投入技术创新不同阶段所需投入的资源，组织技术创新活动，按照

[①] 龚成清.高职院校校企协同创新的探索[J].江苏广播电视大学学报，2013(4)：19-23.

第一章 协同创新管理概述

事先确定的方式分摊创新风险，分配创新收益的过程。一般来说，科研机构提供人力资本、科研仪器、技术信息和情报等资源，主要进行中试以前各环节的上游研究开发活动；企业则提供资金、中试条件，并进行大规模生产和市场开发活动。科研机构与企业的互动也成了合作创新资源交换的过程。随着创新需求的不断增加和创新模式发展的不断深入，合作创新逐渐成为各国创新主体利用自身优势，推动技术进步和生产力发展的重要方式。

对于现阶段的中国来说，更大的创新原动力已经转移到企业，企业因直接面对市场的需求而成为肩负创新重任的创新主体。如何更大程度地发挥合作创新的作用，挖掘合作创新的动力，成为摆在我们面前的一个重要课题或者说一大难题。因此，现阶段提出的协同创新被寄予厚望，将为实现我国新时期的创新目标提供强有力的保障。

我们通常把技术创新的合作过程看成是产学研合作的一种表现形式，协同创新也不例外。但是需要注意的一点是，产学研并不是一个可以自动触发启动的过程，从博弈论基础的角度看，产学研的各个主体有着各自的利益诉求，都希望通过产学研的过程使得自身利益达到最大化而非整个联盟利益达到最大化。也正因为各个主体争先追求各自的目标，因此很容易对整个创新系统的创新生态环境造成不良影响，最终出现"力不往一处使，各自为政"的局面。这样的局面从近几年我国产学研合作的成效可以得到验证：我国高校、科研单位的科技成果转化率长期低位徘徊，真正实现产业化的较少。相对而言，美国的科技成果转化率较高。

传统的封闭独立的创新模式并没有真正解决我国创新所面临的严峻局面，而协同创新机制恰恰可以很好地解决这一问题，它强调"官"在产学研合作中所起的关键作用，即国家层面的制度安排和政策引导，避免了因子系统群体的非理性导致的整个创新系统的非理性，实现创新体系整体的利益最大化。为了更好地探索协同创新的组织构架，应当站在国家创新体系的高度，从宏观的视角进行分析。

我们从整合维度和互动维度两方面对协同创新体系进行了分析，其中整合维度主要包括知识、资源、行动和绩效，而互动维度主要是指各个创新主体之间的互惠知识分享、资源优化配置、行动的最优同步以及系统的匹配度。整个协同创新过程正是一个沟通—协调—合作—协同的螺旋上升的过程。

1. 沟通与知识的关系

沟通过程中涉及知识的整合，大学以及科研机构作为知识的主要生产者和提供者，对知识的传播、整合、流通起到重要作用。知识分为学术知识和经验知识,学术知识强调普遍有用、永远有用,而经验知识则强调能够直接应用于具体情境,具有很强的时空聚焦性。创新过程是两类知识的糅合和整合的过程。学术知识是理解和应用经验知识的基础,协同创新不仅注重知识的开发和创造,更强调知识的灵活应用和价值转换。

2. **协调与知识、资源的关系**

协调涉及知识的整合、资源的优化配置。经济的快速增长大都依赖于资源的消耗和利用。但资源具有稀缺性和有限性,因此,如何利用协同创新进行资源的优化配置,进一步完善国家创新体系,是值得深度研究的问题。整合和运用正确的知识,可以更好地进行资源优化配置。运筹学中很多的基础理论和定理被运用在生产实践中,不仅优化了资源的配置,而且大大节约了生产过程中的人力、物力、财力。

3. **合作与知识、资源、行为的关系**

合作涉及知识、资源以及行为三个层面的整合,其中主要包括知识的分享和整合、资源的优化配置以及行为的同步优化。我国高校和科研院所每年产生大量的知识,各种知识以数据库、发明专利、文献等形式呈现出来,但我国知识的转换率却很低。我国虽然重视了知识的生产,但对知识的集成、转移和扩散以及资本化重视得不够,在产学研三方合作的过程中忽视了行为的最优同步化。高校科研院所在创造新知识的过程中,并没有考虑如何将这些知识进行商业化,使知识实现增值;而企业作为创新主体要素,对显性知识的吸收力度以及隐性知识的外化程度还不够。政府需要提高针对协同创新的政策的一致性导向,这样才能有利于政府、高校、企业三者之间的行动最优同步化。

4. **协同与知识、资源、行为、绩效的关系**

协同涉及知识、资源、行为、绩效的全面整合。系统的匹配度是影响绩效的重要原因,政府制定的各项经济政策与实际经济运行实践之间、高校科研院所的研究成果与企业的技术需求之间的匹配度,系统内知识、资源、行为的匹配度都将影响到创新绩效的高低。整合是否能够实现取决于系统内不同要素的互动和互相合作的程度。互动的强度与创新主体改变行为的程度和频率有关,这些包括互惠信息的交换、绩效与同步行动的系统匹配。系统的整合度越高,就越需要有更多高强度的互动合作。

合作创新涉及知识、资源以及行为三个层面的整合,其中主要包括知识的分享和整合、资源的优化配置、行为的同步优化。尽管合作创新已经充分调动了各方优势，实现了深度的资源整合，但是在实践过程中仍然存在一定的局限性。特别是在以合作创新为基础的产学研过程中，忽视了对行为的最优同步化。高校以及其他科研机构在知识生产的过程中缺乏长远的战略性眼光，即缺乏对未来商业化价值增值的思考，导致许多知识成果与实际需求脱节，光是依靠企业自身来增强知识的商业价值而不从组织和系统的宏观层面进行战略协调很难解决现有的问题。

强调政府和中介机构等要素是协同创新机制的一大进步，当政府通过行政干预等手段提高针对协同创新政策的一致性导向时，各大创新主体之间才能实现步调一致、行动最优同步化。更深入地分析，协同的整个过程就是知识、资源、行为和绩效的全面整合，而绩效的整合无疑是其中最难以实现的过程。创新绩效作为衡量创新活动的指标，受到诸如政府宏观调控引导、研究成果与市场需求匹配程度、系统与组织协同程度等诸多复杂因素的影响，这就需要我们开展更广泛的协同而不仅仅是合作，突破传统的组织边界，重视政府在协同创新过程中发挥的重要作用，从国家层面上提高创新竞争力。

一个组织可以从其外部和内部同时获得有价值的创意和优秀的人力资源，从而实现研发成果商业化，并在使用自己与他人知识产权的过程中获利，这也成为对开放式创新最早的诠释。不难看出，开放式创新中最为关键的核心特征就是边界的模糊性。对于一个组织而言，是否具有强大的资源挖掘和资源整合能力，不断从外部环境中吸收有利于自身发展的条件和机遇，实现颠覆式甚至突破式的创新，对于其能否在竞争已达白热化的21世纪占有一席之地来说可谓至关重要。而与开放式创新相比，协同创新无疑有着更为复杂的组织形式，它的核心要素是大学、企业和研究机构，其中大学作为基础研究和人才培养的大本营，在协同创新的整个体系中处于十分重要的地位；而我们也必须意识到，只有符合实践需求的创新需求，才能真正激发协同创新机制充满前进的动力。

除了这几大核心要素之外，协同创新的另一个显著特点就是使得政府、金融机构、中介组织、创新平台、非营利性组织等辅助的多元要素主体广泛地参与整个创新系统。而值得注意的是，这些辅助要素并非"一股脑"地叠加进来，而是通过有机的整合达到目标或者功能的整体统一，各个要素之间相互联系、相得益彰，通过各主体间的协同合作，产生协同效应。不仅如此，协同创新的过程还是一个多层次的动态互动过程，存在着不同层次的创新活动，每个层级的创新有着与层级特点相适应的类型，同一层次的创新活动具有较大的相似性，不同层级的创新活动具有一定的差异性，但是层级之间还存在相互影响和作用。此外，协同创新系统与以往的开放式创新相比，有着与外界环境更多、更频繁的交流促进。这种交流涉及海量的信息、物质、能量和人才，而且协同创新过程时刻处在动态的协同过程之中，不断挖掘新的创新潜能和机遇，使创新达到最优化效果。

四、协同创新，科技、经济、教育协同新范式

协同创新，首先是科技与经济的协同。加强协同创新，就强调要进一步提升科技对经济增长的贡献。要积极发挥国家有效的引导、产业界的需求拉动、活跃的大学创意启发以及研究所深入的技术支撑等的协同创新机制的优势，以重大专项项目牵引，鼓励官产学研的开放共享和深度合作，进一步提高产业的国际竞争力。

协同创新从本质上超越了以往各种产学、产学研、集群创新等创新模式，是整合创新资源、提高创新效率更有效的途径。我国需在构建"协同创新"的体制机制上大胆突破，强化各级各部门和社会组织的协同创新机制建设和体制改革，选择战略性新兴产业作为突破口，在加大对战略性新兴产业科研投入的同时，在科研项目管理中进行新政策试点。例如：在科研项目立项阶段，根据产业界需要进行选题的同时要充分发挥企业作为创新主体的作用；在科研项目验收阶段，要跳出学术界只注重论文发表、不注重经济效益的单一评价怪圈，让市场去检验自主创新的成果；特别是应用研究型项目，更要紧紧围绕科研成果的市场价值进行合理评价。强化企业、高校、科研院所的深度合作，强化跨国界、跨区域、跨学科的协同合作，着力构建起"大开放、大合作、大协同"的科技创新体制机制。

协同创新，同时也是科研与教育的协同。科研与教育的协同是指在协同创新过程中，科研机构和教育机构通过协同平台等形式进行资源整合和能力互补，这是科研成果向教育成果转化的过程，是组织优化资源、提升效率的管理模式和战略手段。实施协同创新，就要加快建立技术创新、科学研究与高等教育有机结合的联动机制，深入推进科技产业体制改革和政策创新。依托重大科技项目，重视项目—基地—人才的综合一体化建设水平，有计划地培养与造就一批能够突破关键科学技术难题、发展高新技术产业、带动新兴学科发展的科技领军人才。同时不断健全科技推广体系和运作机制，探索协同创新推动技术转移和服务产业升级的有效模式，如浙江大学近几年实施的研究生培养机制改革、科研管理体制改革、学部制改革以及教师岗位分类管理改革等，都为实施协同创新的科技创新和

成果转化奠定了良好的基础。

科研与教育协同具有互补性、共赢性、协同性和开放性的特征。互补性是指在创新过程中，科研创造的知识和学术成果通过一定方式转化为教学材料、教学师资等教育素材，这些是教育教学的知识源泉；而教育是科研工作的人才摇篮，也是协同创新的人才来源，教育培养的人才经过训练又参与科研工作。共赢性是指在创新过程中，科研创造的知识和学术成果在转化为教育素材后，提升了教育教学质量，从而为培养优秀人才奠定了基础；而教育培养的优秀人才参与科研工作，创造了更多更有价值的研究成果，提升了科研的水平和创新的能力，从而实现科研和教育的双赢。协同性是指通过创新过程，科研与教育合作，从系统整体上讲达到效益最大化，从而为协同创新目标的实现提供优质的知识资源和人才储备，形成协同创新的新范式。开放性是指科研教育的合作和成果是开放的。合作的开放性体现在参与对象、合作领域等方面，参与对象不仅包括科研和教育系统内的科研机构和高校，还包括政府、企业、中介机构等；合作领域也不应局限在自然科学研究，而应将社会科学研究也纳入整个体系；另外，基础研究、应用研究、产业化研究等也都应纳入合作范畴。成果的开放体现在受众和形式等方面，受众不仅包括参与协同的官产学研机构，还应当包括在校学生、普通科研工作者，甚至受众范围要进一步扩大，形成社会化的学习网络和交流平台；开放形式不仅包括出版物、教育教学，还需要借助先进的互联网和IT技术，如开放式教学课程、移动学习、协作学习等。

总之，协同创新是通过国家意志的引导和机制安排，促进企业、大学、研究机构发挥各自的能力优势，整合互补性资源，实现各方的优势互补，加速技术推广应用和产业化，协作开展产业技术创新和科技成果产业化的活动。因此，协同创新是当今科技创新的新范式，它既能有效促进科技成果的商品化、产业化，提高企业创新能力，更能促进大学的改革与发展，激励中国大学走研究型、创业型并存的发展模式，这无疑会显著提高中国高等教育的质量与水平。

第二节　协同创新的理论背景：从独立创新、开放式创新到协同创新

从独立创新、开放式创新到协同创新的创新范式更替优化的过程，是人们对

科技与经济发展关系进一步理解的反映。在经济全球化环境下,创新越来越呈现出开放性,条件单一的开放式创新无法满足我国现阶段对创新的迫切需要和追求,因此独立创新必然要向开放式创新的模式转变,促成科技知识的创造、创新和应用的组织之间构建开放式的协同创新体系成为我国目前创新体系完善、优化和升华的主要目标。

国家创新体系概念的产生有以下两个方面。首先,随着冷战的结束,国家竞争力取代军事对抗成为全球新一轮竞争的焦点,传统的研发系统概念让位于创新体系的概念,各国的科技政策从关注基础研究向技术创新转移,从注重科技知识的创造转向知识的创造、扩散、转移和应用并重,即技术创新不仅是一个过程,而是一个系统。其次,产业政策和创新政策成为推动各国经济发展的重要动力。

因此,国家在推动本国的技术创新中具有举足轻重的作用。费里曼认为,在人类历史上,技术领先国家从德国、美国再到日本,这种追赶和跨越,不仅是技术创新的结果,而且还有制度、组织的创新,从而是一种国家创新的结果。[①] 而日本通过产业政策、政府干预,使本国的经济发展出现了很大的飞跃,强化了国家在推动创新和经济发展中的重要作用,为国家创新体系的建立奠定了实践基础。

一、独立创新

近几年来,针对以往过多地模仿引进而缺乏自主知识产权和核心技术的状况,为了突破发达国家和跨国公司的技术垄断,我国特别强调自主创新,而我国在自主创新方面也取得了巨大的成就。但后来发现,我国的自主创新很多时候被误读为独立创新或自主开发,造成创新的开放度不足,同时也引起了较大的国际争端。

在科技经济全球化的环境下,知识的全球化、泛在化以及知识交易程度的加深,驱动了开放式创新模式的出现。因此,在自主创新的基础上有效利用全球创新资源成为创新的重要策略;采用开放、合作、共享的创新模式被实践证明是有效提高创新效率的重要途径;充分调动大学、企业、科研机构等各类创新主体的积极性和创造性,实现跨学科、跨部门、跨行业组织的开放合作,对于加快不同

---

① 张徽山,李武屹. 军工科研究所民品产业化创新体系思考与实践[J]. 华东经济管理,2006(12):64-66.

领域、不同行业以及创新链各环节之间的技术融合与扩散，显得尤其重要。

我们知道一个企业如果不创新就难以生存，但是如果创新是独立的、封闭式的，那么绝大多数又都会以失败告终。因此，必须从独立创新走向开放式创新。

二、开放式创新

(一)开放式创新的必要性

技术创新是企业发展的灵魂。但是在理论上，人们一直认为技术创新只能由企业独立开展，内部研发被认为是企业有价值的战略资产，能保证技术保密和技术独享，进而在技术上保持领先地位，是企业提升核心竞争力和维持竞争优势的关键所在，甚至是竞争对手进入众多市场的巨大阻碍。这种传统的技术创新范式被称为封闭式创新(closed innovation)，其特点是对创新进行严格控制并进行纵向整合。

在20世纪大部分时间里都运行良好的封闭式创新，却在世纪之交随着外部竞争环境的剧变而变得低效，甚至在一定程度上阻碍了企业创新绩效的快速提高。近年来，企业面临的经营环境出现了更多新的特点，激烈的市场竞争需要企业快速创新产品并商业化。封闭式创新模式受到了广泛的质疑与挑战，全球化和互联网的兴起共同促成了封闭式创新模式的瓦解。于是，开放式创新理论(open innovation)正式提出。

从资源理论的角度看，组织是由特定资源所构成的社会共同体，资源得以在这一共同体中转移和创造。组织的核心竞争优势来自它所拥有的或控制的、有价值的、难以模仿的、难以交易的特殊资源。国际化和开放式的技术创新有利于组织在全球范围内有效获取所需资源。技术创新是"生产要素的新组合"，是技术创新资源(信息、思想、物质、人员等)的组合。任何层次、任何规模的技术创新都需要资源的投入。在全球范围内识别存在于特定国家或区域中的有利资源，获得利用这些资源的权利，并在全球范围内有效地配置和整合这些资源是企业能力构建的关键和成功的重要因素，有能力在全球范围内整合资源并迅速创新的组织将成为竞争的优胜者。因此，资源外取(outsourcing)被认为是智慧型企业成功运作的关键因素。

从在位组织的角度看，一个企业即使研发相对落后，但如果能够有效利用其所拥有的创新所需要的互补资源来与创新者合作，也能较好地适应技术创新所带来的变革，甚至获得比创新者更高的利益。基于这样的基础，开放式创新模式被提出。从创新者的角度看，即创新者通过不同的战略途径获得互补资源或获得互补资源的使用权以促进技术创新。

与以往独立的、封闭的创新模式相比，开放式创新模式认为组织的边界是可以渗透的，组织的创新思想主要来自组织内部的研发部门和其他部门，但也可以来自组织外部。组织能够而且应该利用内部和外部的创新思想、内部和外部的市场途径。开放式创新将内部和外部的创意结合到企业的体系结构中，组织内部的创新思想也能够通过外部的渠道进入市场，将组织现有的业务外置，以产生额外的价值。

创新的国际化和开放趋势改变了企业只能单一地从内部获取所需知识的状况，使企业内部与企业外部组织间形成了一个庞大的知识交易网络。企业可以更广泛地借助外部的知识和信息来构建自己的技术知识结构，创新管理和知识整合成为企业成功的关键，依靠创新联盟和外包创新成为提高技术创新能力和应对知识驱动所带来的竞争压力的优先选择。

当今世界，随着新科技革命的迅猛发展，不断引发新的创新浪潮，产品复杂程度不断提高，产品生命周期越来越短；同时互联网使消费者获取信息的广度和速度得到了前所未有的提高，用户需求的不确定性及个性化增加，市场日益要求快速和顾客化。因此，技术的迅猛发展、环境的高度不确定性，使得创新日益成为一种复杂性活动，其需要广泛的资源和能力，从而导致企业面临的创新压力大大增加，单独创新变得越来越困难，即使大公司也不可能在所有的技术前沿领域维持研究的高度，跟上技术变革的步伐。任何实力雄厚的企业也不可能拥有创新所需的全部资源和技术。伴随着经济全球一体化趋势愈演愈烈，国际化的生产和贸易正以前所未有的速度增长，随之，创新活动也变得越来越国际化和开放。

综上所述，全球创新形势正在发生巨大变化，仅依靠内部研发资源已很难满足企业的发展需求，企业已不再是一个孤立的系统，而是一个开放的、非线性的创新系统。如何更好地利用内部研发的杠杆作用撬动和分享外部价值，提高整合内外创新资源的能力，已经成为企业创新所面临的重要课题。

（二）开放式创新理论

开放式创新是 21 世纪初以来创新管理研究中最令人兴奋和最具有实践生命力的主题。这一理论一经提出，迅速引起学术界和企业界的极大兴趣和关注。从

第一章 协同创新管理概述

世界卓越创新型企业（如三星、宝洁、3M、英特尔等）的成功经验来看，这些企业无一不是坚持了开放式创新的发展战略，从而培育和积累了雄厚的技术创新能力。三星公司在世界500强中以速度、创新和领导数码电子时代而著称，它以开放的姿态广泛学习世界领先企业之长，并通过高效的技术学习和二次创新，从模仿者、跟随者一跃成为行业的领跑者。近年来，我国一些领先企业，如海尔、中集等获得了快速发展，企业竞争力不断得到提升，其最主要的原因就是坚持开放式创新的创新战略。开放式创新已成为当今企业创新管理的新范式。

（三）开放式创新模式

开放式创新模式是指企业在技术创新过程中，同时利用内部和外部相互补充的创新资源实现创新，企业内部技术的商业化路径可以从内部进行，也可以通过外部途径实现，与多种合作伙伴多角度的动态合作的一类创新模式。开放式创新模式把外部创意和外部市场化渠道的作用上升到和内部创意以及内部市场化渠道同样重要的地位，认为企业的创新思想主要来自企业内部的研发部门和其他部门，但也可以来自企业外部，企业能够而且应该利用内部的和外部的创新思想、内部的和外部的市场途径。

开放式创新模式的主要特征表现在四个方面。第一，强调内外部间的创新合作。开放式创新要求企业通过广泛的内外合作，搜集和利用企业内部和外部的所有创意，使内外部的创新人才都为公司"服务"。第二，强调对外部创新成果的搜索和利用。企业并非仅仅靠自己的研究才能获利，外部研发也可以创造巨大的价值，企业应当充分分享这一价值。第三，重视卓越商业模式的构建。建立一个能利用一切研究成果的模式，这比仅仅把自己的产品推向市场更重要，许多企业仅仅在某些产品上具有竞争力但却错失了更大的价值空间。第四，不再局限于传统的知识产权观念。如果企业能充分利用内部和外部的所有好的创意，就一定会取得更大的成功，企业也可以从别人对其知识产权的使用中获利；另外，只要对企业有利，企业也可以购买别人的知识产权。这意味着传统的知识产权管理中主要把专利作为防止竞争者模仿的武器的观念已不再完全有效，开放式创新模式下的知识产权管理将面临新的发展趋势。

与封闭式创新模式相比，开放式创新模式具有显著的优势。在开放式创新范式下，企业边界是模糊的，创新思想和技术信息主要来源于企业内部的研发部门或其他部门，但也可能来源于企业外部。存在着大量的知识以及知识的快速流动、企业内富有创新思想的科技人员在不同企业间的广泛流动、风险投资的存在给科技人员创业提供了资金的保障等种种因素促使企业必须加快新产品开发的速度，并快速使之商业化。

企业在加强内部研发的基础上，也要对外部知识进行密切的监视和跟踪，充分吸收和利用外部知识，以弥补某些知识的空缺。通过对内外知识的有机整合，减小技术创新在技术上的不确定性，从而加快创新的速度。在开放式创新范式下，创新不再以传统的方式进行，而是发展成为一种全局性的活动。开放创新体系将吸纳更多的创新要素，形成以创新利益相关者为基准的多主体创新模式。

（四）开放式创新机理

开放式创新是指企业在技术创新过程中，同时利用内部和外部相互补充的创新资源实现创新。企业内部技术的商业化路径可以从内部进行，也可以通过外部途径实现，与多种合作伙伴多角度动态合作。与传统的"企业内部研究和创新"的封闭模式不同，开放式创新强调采用现成的成果并加以发展，企业需要对外部的思想和知识开放融合，行业之间的界限不再分明，一切创新资源（包括人才、投资、研发等）在企业之间、企业和相关组织之间都可以实现快速流动和共享。因此，企业需要更多地借用外部的创新成果，甚至还要通过授权和许可证向外部开放自己的研发成果，以充分利用这些成果的潜在价值。

在提出开放式创新概念后，众多学者开始对这一主题进行广泛的研究，在案例分析方法的基础上，结合数理统计方法，对开放式创新的理论模式和管理架构进行了深入的探讨。开放式创新强调企业在创新过程中对外部创新资源的获取和利用，以及内部技术商业化的路径可以通过内部渠道和外部渠道实现，是一种与多种合作伙伴多角度的动态合作的创新模式。当然，尽管在开放式创新环境下利用外部知识的能力是成功的关键，但开放式创新模式并不是一种简单地依靠外部技术资源进行创新的模式，内部研发仍然起着很重要的作用。

三、协同创新的理论范式

（一）协同创新较其他创新模式的优势

相对于开放式创新，协同创新是一项更为复杂、更重视要素结合效果的创新组织方式，协同创新也可以说是开放式创新中的一种形式。协同创新的关键是形成以大学、企业、研究机构为核心要素，以政府、金融机构、中介组织、创新平台等为辅助要素的多元主体协同互动的网络创新模式，通过知识创造主体和技术创新主体间的深入合作和资源整合，产生"1+1+1＞3"的非线性效用。美国的"硅谷"把创新型企业、研究型大学、研究机构、行业协会、服务型企业等紧密连在一起，演化出扁平化和自治型的"联合创新网络"。

相对于以往传统意义上的产学研合作创新，协同创新更多地强调政府的介入、金融的参与、中介的完善，这为协同创新的顺利开展提供了良好的环境和支持。

1. 政府的介入

当前我国的市场机制还不够完善，当各种创新资源和生产要素被区域分割、垄断时，各级政府能发挥的作用不容忽视。政府通过战略导向、健全政策法规体系、构建灵活的支持平台等方式来组织实施创新主体间的协同合作，是一种要比由企业与高校或科研机构通过市场的自由合作更加顺畅和有效的方式。在协同创新过程中，政府的作用大致体现在以下几个方面，即宏观指导、政策引导、利益整合、服务保障、财政支持等。因此，在协同创新过程中，政府的作用不但不可少，还应摆在首要的位置。

从理论上看，协同创新机制代表政府对于自身在市场经济初期作为全能角色的清醒的意识。政府是协同创新机制的灵魂，企业是机制中的主体，高校和科研机构是机制的源泉。软硬件良好的创新环境的打造，少不了由政府带动企业、高校和科研机构的共同创造。

从财政资助现状看，当前我国的研发资金主要来源于政府和企业。虽然近几年来源于企业的研发资金占比有所上升，但总体上政府的宏观调控资金仍占最主要的地位。政府将通过制订各类科技计划、配置发展基金以及运作协同创新专项科研项目的匹配资金来参与创新系统的运作和管理过程，从而起到联系科技与经济的纽带作用，支撑协同创新系统的高效运转。

从物质生产环节看，政府在协同创新过程中具备衔接各创新主体的优势，起到宏观配置资源的作用，并提供科技事业发展的物质基础。

2. 金融的参与

现今社会是知识经济时代，知识要转化成效益，没有金融资本的结合是不行的。协同创新机制中的金融包括银行、投资融资、风险机制、社会资金等，这些金融机构要发挥的作用是如何建立和完善一个强大的资本市场，去支持协同创新中高新技术产业发展。

3. 中介的完善

协同创新强调中介组织在国家创新体系中的功能。国际经验表明，国家创新网络需要有一个完善而高效的社会化服务体系，这个服务体系是由以知识服务于技术创新的各类中介机构组合而成，为协同创新平台或联盟提供各项服务。

协同创新是创新资源重组、各创新主体间通力合作的一个过程。创新主体通过有效利用外生"创新资源"实现协同合作，而利用外生资源，首先有一个搜寻、选择及被选择的过程。无论是在企业间（包括与用户），还是企业与外部科研机构、高校之间，都要经过搜寻、识别的过程，工作量非常大，成本非常高，风险也很大，想要找到志同道合的合作者根据各自的效用函数和收益预期，历经博弈，走向合作，是相对较困难的一件事情，而且这还会使得创新主体很难集中精力专注于技术创新等关键环节。因此，中介组织的参与，可以综合由于社会高度分工而产生的众多比较优势，通过借助中介机构的核心协调能力，最大限度地降低协同创新运作的成本与风险。

除此之外，中介组织还可起到沟通衔接作用，将拥有的各类创新资源的主体衔接在一起，实现知识增值，为用户提供服务，从而达到价值创造的目的。中介组织所能提供的服务范围主要包括提供科技成果和技术咨询服务、人才中介服务、管理咨询服务、投融资服务、评估服务、信息服务等。中介机构的服务构成了协同创新网络中至关重要的网结点。

总之，在协同创新系统中，政府是引导者、监督者，企业是创新主体、主力军，高校和科研机构是助推器，金融机构是支持者。协同创新是在国家、高校、科研院所、金融机构和企业之间优势互补、利益共享基础上产生协同效益的过程，是风险共担、利益共享的合作机制。

（二）基于复杂性科学的复杂系统

复杂性科学兴起于20世纪80年代，不仅引发了自然科学界的变革，而且日益渗透到哲学、人文社会科学领域。复杂性科学是以复杂性系统为研究对象的一种"学科互涉"（inter-disciplinary）的新兴科学研究形态。复杂性科学包括早期的一般系统论、控制论、人工智能，以及后期的耗散结构理论、协同学理论、超循环理论、突变论、混沌理论、分形理论和元胞自动机理论等。复杂性科学出现至

第一章 协同创新管理概述

今带给科学研究巨大的变革，其主要归因于复杂性科学在研究方法论和思维方式上的突破、创新和变革。事实上，国家创新体系就是一个典型的复杂性系统。因此，对国家创新体系的研究同样适用于相关复杂性科学的理论。复杂性科学方法论的具体特征主要包括非线性、不确定性、自组织性、涌现性等。

1. 协同学理论

(1) 协同学理论基础

协同学起源于20世纪60年代，当时德国斯图加特大学教授赫尔曼·哈肯（Hermann Haken）在研究激光理论的过程中提出了协同学的基本观点和理论基础，并于1971年与经济学家格雷厄姆合作指出，无论何种对立的双方，只要在同一个统一体内，在同一目标下，都存在着协同发展的可能性和现实性，都可以实现协同发展。同年，协同学被正式作为一门学科进行研究。到1977年，哈肯教授正式发表了《协同学导论》一书，建立了协同学的理论构架，学科初步建立。1983年，哈肯教授又出版了《高等协同学》，以信息论、控制论、突变理论等为基础，用统计学和动力学方法，通过分析类比建立数学模型，描述事物从无序到有序转变的规律。与此同时，他还出版了近二十本关于协同学的专著，于是协同学正式创立。

协同学是研究各种不同的系统在质变的过程中所遵循的共同规律的科学，其中心议题是探讨支配生物界和非生物界的结构或功能的自组织形成过程的某些普遍原理。哈肯认为自然界和人类社会的各种事物普遍存在有序和无序的现象，在一定的条件下，有序和无序之间会相互转化，无序就是混沌，有序就是协同，这是一个普遍规律。一个由多子系统构成的系统，如果在子系统之间相互配合产生合作效应，系统便处于自组织状态，从而在整体上表现出一定的结构和功能。在自然科学中，无论是数学关系的和谐之美，还是物理的守恒原理，再到化学和生物的大分子协同效应，都证明了运动的和谐性和协同性。

因此，协同学是描述各类非平衡相变的条件和规律，研究有序结构形成和演化的机制。千差万别的系统，尽管其属性不同，但在整个环境中，各个系统间存在着相互影响、相互合作、相互制约的关系。协同系统在一定条件下会由无序向有序转化，主导因素在于系统的各子系统通过非线性的相互关系而产生协同作用。系统从无序变为有序状态所需具备的条件有四个：第一，系统最终演变的状态或结构自始至终都受到序参量的影响，序参量还起着支配子系统行为的主导作用；第二，系统内子系统间的有机联系和积极配合是系统有序发展的重要条件之

19

一，只有当系统关联作用占主导地位，子系统之间形成协同时，系统才可能呈现出一定的有序结构；第三，除了系统内部协同作用的机制外，还需要外部环境提供适当的控制参量，为系统自组织结构的形成与有序演化提供保障；第四，反馈机制是系统实现有序的重要保证。任何一个开放系统要维持一定的稳定性，以实现其自身的目标，都离不开反馈调节。

所谓协同，就是指协调两个或者两个以上的不同资源或者个体，协同一致地完成某一目标的过程或能力。协同一词在英文中有 synergy、collaboration、cooperation 和 coordination 等多种表述，在《汉语大词典》中的解释是齐心协力、互相配合的意思。因此，协同并不是新生事物，它是和人类社会一起出现，并随着人类社会的进步而发展的。当技术从人们日常生活和商业社会的边缘逐渐走向核心，人们就越来越希望技术能够提供更多的东西。协同是指元素对元素的相干能力，表现了元素在整体发展运行过程中协调与合作的性质。结构元素各自之间的协调、协作形成拉动效应，推动事物共同前进。对事物双方或多方而言，协同的结果是使个体获益，整体加强，共同发展。导致事物间属性互相增强、向积极方向发展的相干性即为协同性。

协同现象在宇宙一切领域中都普遍存在，没有协同，人类就不能生存，生产就不能发展，社会就不能前进。在一个系统内，若各种子系统（要素）不能很好协同，甚至互相拆台，这样的系统必然呈现无序状态，发挥不了整体性功能而终至瓦解。相反，若系统中各子系统（要素）能很好配合、协同，多种力量就能集聚成一个总力量，形成大大超越原各自功能总和的新功能，这就是协同效应。

哈肯指出，系统中各子系统的相互协调、合作或同步的联合作用及集体行为，会产生更高效率的协同效应。[①] 随后的管理研究者将这一思想应用到企业新产品开发（NPD）领域，并扩展至企业与价值链上下游企业、互补甚至竞争企业在产品设计、制造和销售的资源共享及协作运营。

多元化战略的协同效应主要表现在通过人力、设备、资金、知识、技能、关系、品牌等资源的开放共享来降低研发成本、分散市场风险以及实现规模效益。哈佛大学教授莫斯·坎特（R. Moss Kanter）甚至指出多元化组织存在的唯一理由

---

① 吴志远，曹志文. 战略性新兴产业集群的协同创新问题研究——以江西省为例[J]. 经济论坛，2015(07)：72-74.

就是获取协同效应。协同学是一门交叉学科,不同学科都在不同的侧面研究协同现象,其提出的协同、有序度、快变量、慢变量、序参量等概念被广泛使用,并在各个领域取得了很多重要的成果。

(2)管理协同理论

协同学在管理领域中取得了长足的发展。安德鲁·坎贝尔[1]在《战略协同》(第2版)一书中将学者、教授们多年研究的成果进行了汇总,指出协同是企业应当重视的问题,协同公式中"1+1>2"表达了公司整体价值大于各部分价值的简单加和。此后又有众多学者在这一领域展开研究。

(3)知识协同理论

知识协同(knowledge collaboration)的概念最早是由《知识管理杂志》(*Journal of Knowledge Management*)前主编卡伦齐格(Karlenzig)在2002所提出。他指出,知识协同是一种组织战略方法,可以动态集结内部和外部系统、商业过程、技术和关系(社区、客户、伙伴、供应商),以实现商业绩效的最大化为目标。[2]

此外相关学者对知识协同的理解是,一个知识请求者首先认识到自己没有能力解决某个问题,而另一个知识提供者恰好有这方面的能力,如果双方能够达成共识,则可以整合双方的知识,以弥补知识请求者的知识需求,达到解决问题的目的。

也有一些学者将知识协同定义为一种"活动",如协作开发、协同著作和协同研发等,在活动中参与各方都积极投入知识创新中,在合作协议或合作结果中,这些活动的成果是"可见的"。

近年来,协同学理论为知识协同提供了坚实的理论基础,互联网和信息技术的快速发展则提供了必要的技术支持和保障。知识协同的形成原因主要有两点:一是外部环境方面,全球经济一体化和信息技术的发展促使知识协同产生;二是内部需求方面,知识是促进社会经济发展的重要资源。在这两种因素的影响下,知识协同作为协同学的衍生品孕育而生。美国学者安卡拉姆(Anklam)提出,知识协同是知识管理的第三阶段,即发展阶段。[3] 共享、协

---

[1] 安德鲁·坎贝尔(Andrew Campbell),凯瑟琳·萨姆斯·卢克斯(Kathleen Sommers Luchs)编著. 战略协同(第2版)[M]. 任通海,龙大伟,译. 北京:机械工业出版社,2000.

[2] 徐少同,孟玺. 知识协同的内涵、要素与机制研究[J]. 科学学研究,2013,31(07):976-982.

[3] 王会丽. 图书馆科技查新的知识协同研究[J]. 科技情报开发与经济,2013(24):89-91,100.

作、开放和创新是这个阶段的核心要点。知识协同的最重要目的是推动知识创新，通过协同平台将各知识主体中互补的知识资源进行整合，弥补各主体的知识短板，为各主体提供整体效益的最大化和互利共赢。知识协同理论解释了科研和教育进行协同的意义。

2. 创新研究引入协同论的必要性

(1) 协同是创新发展的必然要求

全球经济一体化趋势下，我国国家创新体系正面临着一个复杂多变、竞争激烈的环境：国家创新体系间的竞争激烈；高新技术的出现和更迭越来越快，产品的生命周期越来越短；消费趋向多样化和个性化。这样一种趋势和环境给国家创新体系和企业生产方式以及研究机构的创新研究带来了前所未有的挑战。

协同理论告诉我们，系统能否发挥协同效应是由系统内部各子系统或组分的协同作用决定的，协同得好，系统的整体性功能就好。如果一个创新系统内部，人、组织、环境等各子系统内部以及它们之间相互协调配合，共同围绕目标齐心协力地运作，那么就能产生"1+1>2"的协同效应。反之，如果一个创新系统内部相互掣肘、离散、冲突或摩擦，就会造成整个管理系统内耗增加，系统内各子系统难以发挥其应有的功能，致使整个系统陷于一种混乱无序的状态。

(2) 序参量是现代管理发展的主导因素

序参量是协同论的核心概念，它是指在系统演化过程中从无到有的变化、影响着系统各要素由一种相变状态转化为另一种相变状态的集体协同行为，并能指示出新结构形成的参量。在创新体系中，我们可以区分本质因素与非本质因素、必然因素与偶然因素、关键因素与次要因素，找出对创新系统起决定作用的序参量，从而把握整个系统的发展方向。因为序参量不仅主宰着系统演化的整个进程，而且决定着系统演化的结果。

序参量概念为协同创新系统提供了新的理论视角，解释了系统如何在临界点上发生相变以及序参量如何主导系统产生新的时间、空间或功能结构。序参量的特征决定它将成为协同创新管理系统发展演化的主导因素，只要在管理过程中审时度势、创造条件，通过控制管理系统外部参量和加强内部协同，强化和挖掘我们所期望的序参量，就能使创新系统有序、稳定地运行。

(3) 自组织是管理系统自我完善的根本途径

自组织是指系统内的有序结构或这种有序结构的形成过程。自组织是相对于他组织而言的，我们一般把不能自行组织、自行创生、自行演化，不能够自主地从无序走向有序的组织称为他组织。他组织只能依靠外界的特定指令来推动组织向有序演化，从而被动地从无序走向有序。相反，自组织是指无须外界特定指令就能自行组织、自行创生、自行演化，能够自主地从无序走向有序，形成有序结构的系统。一个系统自组织功能愈强，其保持和产生新功能的潜力和能力也就愈强。我们把这种无须外界控制和干扰，通过系统自身的调节和演化达到有序的特性称为自组织性，如达尔文提出的进化论，就可以看成是自然界中的生物通过生态系统的自身调节而达到的不同物种之间进化发展的自组织过程。

协同理论的自组织原理旨在解释系统从无序向有序演化的过程，实质上就是系统内部进行自组织的过程，协同是自组织的形式和手段。由此可以认为，创新系统要想从无序的不稳定状态向有序的稳定状态发展，实现自我完善和发展，自组织是根本的途径。

当然，协同创新系统要实现自组织过程，就必须具备自组织实现的条件。首先，协同创新系统必须具有开放性，能与外界进行物质、能量和信息的交流，确保系统具有生存和发展的活力；其次，协同创新系统必须具有非线性相干性，内部各子系统必须协调合作，减少内耗，充分发挥各自的功能效应。一般认为，系统开放、远离平衡、非线性相互作用、涨落是自组织形成的基本条件。自组织现象无论在自然界还是在人类社会中都普遍存在。

（三）协同创新理论范式

1. 协同创新的本质

协同创新是通过国家意志的引导和机制安排，促进企业、高校、研究机构发挥各自的能力优势、整合互补性资源，实现各方的优势互补，加速技术推广应用和产业化，协作开展产业技术创新和科技成果产业化的活动，是当今科技创新的新范式。

2. 协同创新的特点

协同创新的主要特点有五个。第一，整体性。创新生态系统是各种要素的有机集合而不是简单相加，其存在的方式、目标、功能都表现出统一的整体性。第二，层次性。不同层次的创新有不同的性质，遵循不同的规律，而且不同层次之间存在着相互影响和作用。第三，耗散性。创新生态系统会与外部进行信息、能量和物质的互流。第四，动态性。创新生态系统是不断动态变化的。第五，复杂性。组成系统的各要素比较多样，且存在着复杂的相互作用和相互依赖。

3. 协同创新的层次

协同创新理论对协同创新的理论框架，即战略协同层面、知识协同层面、组织协同层面有重要的指导作用。协同过程的核心层是战略、知识和组织的要素协同，支持层是政府的政策引导、项目推动和制度激励，中介机构、金融机构以及其他组织也是支持层。

协同创新首先涉及产业界和学术界在价值观和文化上的协同。企业、高校和科研机构由于在创新过程中的定位、资源和能力、发展目标等方面均存在着一定差异，形成了不一致甚至是潜在对立的组织文化和行为准则。在各方主体协同的过程中，企业通常以利润为主要导向，注重合作带来的经济价值；大学和科研机构则以科研成果为导向（如论文和专利），考虑的往往是合作是否有利于学术研究。这种价值观的分歧影响着各方对合作利益和合作效果的评价以及合作范围和模式的选择，造成大学所提供的科技成果与市场脱节，而企业则过多地干预大学的研究。

实际上，高校和科研机构的研究型文化在本质上与企业的应用型文化应是相辅相成、相得益彰的，而非排斥性的。真正对多方合作形成障碍的原因是两种文化之间缺乏应有的认同和包容。相关学者认为企业和高校合作双方在价值观和文化上的认同感越强，就越容易形成互赢的心理预期，合作关系也越融洽和持久。因此，在协同创新过程中，高校应从战略上重视关注如何将知识和科研服务于企业，积极开展科技成果转化，为企业培养所需的科技和管理人才；企业则应该更加关注如何准确地提出知识需求，为高校参与创新提供市场分析以及资金和物力上的支持。协同创新各方需要友好沟通知识产权和项目收益上的归属以及风险上的共担和分摊。

四、协同创新的驱动机理

（一）协同创新的驱动要素

1. 科技

世界科技发展正孕育着新的革命性突破，信息、生物、新能源、纳米等前沿技术领域呈群体突破的态势，以智能、绿色和普惠为特征的新产业变革蓄势待发，科技创新将从根本上改变全球竞争格局和国民财富的获取方式。一个国家的科技水平是反映国家经济实力的重要标志，因此，通过合适的运作机制来加快科技进步、实现科技的跨越式发展，是我国发展的首要任务。科技之所以成为协同创新的驱动要素之一，主要源于以下两个方面。

第一，从科学技术发展的角度来看。17世纪初，只有少数人认识到科学与技术可能并应该合作，直到18世纪，此想法才付诸实践。科学和技术的价值只被社会上层统治阶层所认识。在此之前相当长的时间内，人们对科学成果的应用漠不关心，技术在没有科学帮助的情况下发展。今天，我们必须将科学理解为目的明确的历史过程。大体上可以说，19世纪中叶是科学与技术间相互关系的一个转型时期，此前是"生产—技术—科学"的发展模式，此后是"科学—技术—生产"的模式。进入20世纪，越来越多的人意识到科学与技术的融合具有改变物质生活和精神生活的巨大力量，科学发展以及科学与技术的融合大大提高了技术进步速度。不同时代的科学和技术的创造主体也发生着很大变化，逐步由单一的科学家主体发展成为多元化的大众创造主体，高校、科研院所、企业共同成为科学和技术的创造主体。在信息化时代，越来越多的高新技术的研究和开发需要以科学为基础，而高新技术的进一步开发与应用也促进了科学的发展和进步，两者必须融合才能共同推动社会文明的进步。因此，科学与技术融合的需要，推动了高校、科研院所、企业三者之间的互动合作，成为协同创新的驱动要素之一。

第二，从技术多元化的角度来看。在知识经济时代，企业已经很难通过某一单项技术实现基业长青，需要多元化的技术和不断创新，才能适应社会市场需求的变化。由于企业财力有限，而且企业必须先求生存再求发展（这决定了企业行为的逐利性和短期性），因此企业无法仅通过内部自主研发实现技术多元化，必须利用外部资源获取技术的多元性，以降低自己的研发成本，提高创新效率。企业对多元化技术的需求，增强了企业与技术创新源——高校、科研院所合作的动力，推动了协同创新的实现。

2. 市场

从市场层面看，产学研合作的市场需求相当大。从资源的互补性来看，高校、科研院所是科学技术的研发主体，其研发经费的来源主要有横向和纵向两部分。纵向方面，主要是来自国家或地方政府的科技项目拨款。此类科技项目经费支持具有政策导向性，并且审批程序、立项要求都较为严格，相比众多高校和科研院所巨大的经费需求来说只是杯水车薪。横向方面，主要是通过与企业合作来获取科研经费，即通过采用共同研发、委托/代理研发、专利授权、专利转让等方式获得科研支持经费。高校、科研院所在通过纵向渠道获取经费有限的情况下，迫切需要与企业合作来满足自身的科研经费需求。此外，科技创新驱动经济增长的实质是科技成果转化为生产力，而高校的很多科研成果却躺在实验室被"冷冻"，因此，需要高校、科研院所与企业合作运用商业化手段使这些被"冷冻"的科研成果转化为生产力。

对于企业而言，其通过与高校或科研机构合作可获得外部的技术支持，突破自身研发资源不足、研发经费短缺的局面。企业通过与高校、科研院所进行有效的资源整合，在技术、知识、营销、管理等方面进行优势合作，可以缩短创新时间、提高信息质量、增加信息占有量，及时将创新成果投向市场，从而有利于增强企业在市场上的竞争地位，提高企业的经济效益。一般而言，协同创新比独立创新更有利于提高企业的创新效率。优胜劣汰的市场竞争规则使企业能够居安思危，积极主动地寻求外部创新要素（技术、资金、人才等），与不同的创新主体进行合作，实现持续、卓越的发展。可见，高校、科研院所具有与企业合作的内在需求，而企业为了实现可持续的卓越发展也需要与高校、科研院所合作，两者相互合作的内在需求提高了产学研合作的稳定性，为产学研的长期合作提供了保障。企业与高校、科研院所的合作需求成为协同创新的驱动要素之一。

3. 文化

协同创新是一个复杂的系统工程，它不是一个简单的"1+1=2"的过程，要真正使具有不同利益追求、不同背景、不同身份的创新要素形成一股强大的合力，首先需要形成一个各个创新主体都能够认同的文化价值基础。如果被集合起来的诸多单位或个人缺乏必要的文化价值整合机制，大家的价值文化相互冲突，就可能会事倍功半。

硅谷是美国科技产业的发祥地，也是当代高科技企业最集中的地方。因此，硅谷模式已成为各国研究和效仿的一种高科技产业发展模式。硅谷的成功不仅仅在于它拥有大量的风险资本以及因毗邻著名学府而拥有的众多高素质人才群体，更在于它在发展过程中所创立的独特的、激励创新的"硅谷文化"。硅谷人在创业中营造了硅谷文化，而硅谷文化又进一步吸引、凝聚了各方优秀人才进入硅谷。实际上，从长远看，硅谷文化凝聚人才、发展经济的示范效应和深远影响大大超过了其经济指标的增长。这种潜在影响是一种难以用数字表明的巨大财富和精神因素。美国各州也力求仿效硅谷，推出了一系列举措，实行经济结构调整，意在使美国在新经济崛起的过程中获取称雄地位。在经济发展过程中，"文化"在协同创新中的作用尤其应该引起关注和思考。

我们将对协同创新起作用的文化区分为内在文化和外在文化。内在文化就是观念文化，外在文化即制度文化。两种文化从不同的方向作用于协同创新活动。观念文化是影响协同创新的最主要的文化，是创新的内在动力。观念文化所包含的信仰、理性、价值等表现为创新主体对协同创新的态度。观念文化决定了协同创新的不同要素是否能够实现合作并形成共生共存的协同创新体。一种适宜协同创新的观念文化自身也必定是一种创新，它使各个创新主体具有系统整合的思维视角，拥有海纳百川的宽广胸怀，这些能使各个创新主体实现整体目标最优化。制度文化是指协同创新的社会环境，是协同创新的外在动力。创新主体所处的社会环境(如政策、法规、五大流渠道、市场等)的变化将影响协同创新的"吸引子"的形成，从而对聚集创新人才、整合创新资源、放大创新活动即创新成果产生影响。因此，一个地区、一个部门、一个单位的制度文化是否适应协同创新，决定了该地区能否成为协同创新的"温室"。协同创新需要政府高效率的配合，提供激励创新的制度文化。

(二)协同创新驱动机理理论基础

科技、市场、文化是协同创新的三种驱动力。科学与技术的融合推动了高校、科研院所及企业三者之间的合作，技术的多元性又有利于促使企业家实现创新、增加市场需求、促进经济发展。因此，科学与技术的融合以及技术的多元性共同驱动了协同创新。知识经济时代，科技水平直接决定着一个国家乃至民族的核心竞争力，在一场没有硝烟的战争里，谁占据了科技高地，谁就掌控着发言权。构建自主创新型国家，必须坚持走科学与技术融合发展的道路，使科技发展成为夯实协同创新的基石。协同创新的本质是构建一个创新网络系统，而这个系统的目标是追求整体最优，这样才有利于实现各个创新主体的局部最优，实现可持续的良性发展循环。科学与技术的融合有利于企业突破传统的封闭式创新模式，破除"非此地发明"综合征，从外部获得智力资源。企业作为资本的供应方，是将科技进行市场化和商业化的主要载体，在科技驱动过程中占主导地位。企业应积极寻找外部科技资源，通过契约的形式与企业外部的创新主体进行合作，实现外部智力资源的利益分享和信息共享。

在市场驱动方面，市场运作机制是协同创新的前提条件，同时是促进创新主体合作的外在动力。与高校、研究院所合作的企业具有强烈的内在需求。企业要想获得持久的竞争优势，必须开放企业边界，与外部的创新资源构建联系，这样才能降低企业获取先进科学技术的显性成本和隐性成本，提高创新的速度和绩效。我国大多数成功企业就是通过开放企业边界，不断与外部组织进行紧密的多元开发式合作，充分利用外部的创新资源，最终实现其战略发展目标的。例如，新和成股份有限公司、金川集团等通过借"智"发力，与高校、科研院所进行协同创新，通过利用外部智力资源来弥补自身研发资源的短缺。

高校是培养和造就高素质创新人才的摇篮，更是产生创新知识、推动科学技术成果向现实生产力转化的重要力量。而创新人才的培养环境和条件不是通过单纯的理论课堂就能够实现的，必须结合实践。企业作为协同创新的实践主体之一，为高校的创新型人才培养提供了良好的实践机会和环境，能够帮助高校学生进行理论与实践的结合，有利于强化学生的创新意识、提高创新能力以及加强创新实践应用。国家每年向高校拨款的科研经费难以满足高校日益增加的科研需求，因此，高校与企业进行深度合作，一方面能够获得更多的经费支持，另一方面也有助于开展新知识、新技术、新方法的实践。各个创新主体之间相互合作的内在需求提高了协同创新的稳定性，为协同创新的长期合作和实现路径提供了保障。从经济学的视角看，企业与科研院所、高校进行协同创新，能够降低企业的交易成本和信息不对称的问题，实现资源互补和共赢的良性合作循环。

协同创新不仅需要科技、市场的外部驱动，而且需要文化的内部驱动。文化是一种无形的、软的驱动力，影响到各个合作主体能否进行深层面的合作。各个创新主体对协同文化的共同认可是合作的精神内核，缺少精神内核的协同创新必将是貌合神离、形似而神非，很难形成长久的共生发展机制。如果说科技、市场是协同创新的硬驱动，那么文化就是协同创新的软驱动。协同创新知易行难，目前在实践和具体执行层面还存在很多需要克服的阻力，如科研管理体制条块分割，科技投入渠道重复，缺乏有效整合科研力量的资源配置平台，科研组织方式难以适应现代科学技术活动的复杂化、交叉化、综合化、现代化趋势等，这些障碍需要通过协同创新的文化驱动来克服。

文化在两个方面驱动协同创新的实现。一方面，文化促使宏观主体对协同创新管理实践形成统一的科学认识。为实现协同创新，宏观主体必须建立共同的创新追求，并以此引导各自的创新行动。而共同的创新追求的建立，需要协同创新的文化观念来促进。协同创新的文化观念促进宏观主体对其共同承担的公共创新使命形成统一的科学认识。另一方面，文化通过促使微观主体形成共同利益体而实现协同创新。微观主体基于市场机制形成的共同利益是合作创新的基础，是协同创新的前提。在自发市场机制的作用下，微观主体的共性需求可能来自多个方面，如通过合作实现能力互补、通过专业分工实现业务专精、通过合作追求规模效益、通过合作提高创新速度和创新绩效等。首先，微观主体必须形成上述需求，才能形成促进彼此合作的共同利益。然而，微观主体的上述需求并不是天然形成的，而是与其所选择的创新任务和自身能力基础等有关。其次，合作需求及共同利益是否存在以及到底有多大，主要取决于微观主体的主观判断，而这种主观判断会受到观念文化和价值文化的影响。观念文化中的信仰、理性、价值等会影响协同创新的微观主体的合作动机和合作深度，而制度文化中的政策、法规、五大流渠道、市场等的变化也会影响微观主体能否合作以形成共同利益体。

（三）协同创新的实现路径

协同创新知易行难，不同的创新主体对协同创新实践的认知存在差异。公共创新主体对创新的共同追求是实现协同创新的必要条件，微观主体间共同利益体的形成对于协同创新的实现也至关重要。以下分别从构建协同创新战略联盟、推动科技体制改革、构建适宜协同创新发展的文化氛围等不同方面对协同创新的实现路径进行分析，以加深对协同创新理论和实践的理解。

1. 产学研深度合作，形成协同创新战略联盟

从创新主体层面来看，形成协同创新战略联盟必须加强两方面的工作。

第一，进一步强化跨区域产学研合作，组织高校或科研院所设立跨区域产学研合作项目，重点推进各类科研机构和高校与其他区域的企业进行创新合作，积极探索以企业为主导的多种产学研合作模式。高校、科研院所作为科学研究以及科技成果产出的主要基地，应建立独立核算、市场化运作的跨区域的技术转移机构。首先，技术转移机构能够促进研究成果转移，保障学校和发明人的利益，并激励研究人员的积极性。其次，技术转移机构可以降低科学知识市场的交易成本，与研究人员个人或团体相比它更加专业化，寻找潜在买家的费用也较低。再次，技术转移机构还能够促进产学链的构建和服务专业化。相关学者认为，设立一个专门的技术转移机构可以确保大学与工业界建立联系时充分自主，在支持服务、寻找合作伙伴、管理知识产权和商业发展方面更加专业化，还有助于实现与各部门的研究人员保持密切关系。最后，技术转移机构还具有缓解信息不对称的作用。科研院所或高校建立跨区域的技术转移机构有利于产学研的深度合作，有利于提高科技成果转化效率。

第二，在企业层面构建基于产业链的企业创新联盟，加强不同创新要素之间的开放式合作。今天的国际竞争已经不是企业竞争、产品竞争，而是进入了一个前所未有的、全新的产业链竞争阶段。产业链中占据非常高的利润的六大环节分别是产品设计研发、原料采购、物流运输、订单处理、批发经营、终端零售，而加工制造是利润最低的环节。因此，构建基于产业链的企业创新联盟势在必行，因为我国企业的战略出路在于产业链的高效整合。实践证明，协同创新中企业、高校、科研院所的深度合作有助于提高企业的创新效率，实现资源的高效整合，使企业成为市场的快速反应者、国际市场竞争中的优胜者。

协同创新战略联盟形成的根本在于利益协调，政府和产学研各方均须确认利益范围和责任边界，设定风险分担和利益分配机制，并辅以一定风险投资机制。创新是长期持续和承担风险的行为，企业与高校、科研院所进行合作存在很多现实层面的问题，如在科技成果的小试—中试—产业化过程中，必将遇到很多困难甚至走很多弯路，这个过程会遇到很多资本、土地、人才等方面的问题，而创新风险承担主体的多元化有利于鼓励创新主体的创新行为，实现多方主体的合作。目前，高校、科研院所、企业之间基于利益驱动的自愿协同创新尚未成型，需要在政府引导调控下健全外部驱动机制。政府可以从构建科技平台共享机制入手，根据"整合、共享、完善、提高"的原则，借鉴国外的成功经验，制定各类科技资源的标准规范，建立促进科技资源共享的政策法规体系。

2. 推动科技体制改革，实现稳定持续创新

国家相关制度在促进高校、科研院所、企业的科技教育资源共享，推动高校创新组织模式，推进产学研用相结合方面都提出了明确要求。推动科技体制改革，最关键的就是制度创新。以产权清晰、权责明确、政企分开、管理科学为核心的现代企业制度曾对我国企业的改革与发展起到了决定性作用，形成了如我国移动、中粮集团等一大批具有国际竞争力的"新国企"。

未来科技体制改革的主要工作就是要建立、发展具有公共科技性质的研发机构以及协同创新的开放式合作创新组织体系，而这些新型的研发与创新组织体系（包括国家公共科研机构和面向协同创新的产学研合作组织）决不能由少数的科技专家主导，而是要具备科学的治理结构，建立由科技专家、政府官员、企业家、

第一章 协同创新管理概述

投资家、管理学家、经济学家等参与的决策委员会制度,按照产权清晰、权责明确、知识服务、管理科学的现代科研与创新制度,实现科技与经济、科技与教育的更有效结合。

3. 构建适宜协同创新的文化氛围

驱动协同创新的文化气场究竟有哪些?或许我们现在很难全面、系统地回答这一问题,但该问题直接关系到协同创新能否获得成功,因此我们需要像重视协同创新的作用那样高度重视协同创新所应有的文化价值使命。

崇高的使命感和社会责任感是打造协同创新文化的价值基础。来自五湖四海的学者、企业家、研究者等走到一起,大家的直接目的都是使项目成功。但一时一地的成功并不是协同创新的根本目的。想要成功就要去实践,而实际行动就是在倡导一种文化价值。一个协同创新体要真正形成一个有战斗力的团队,必须有这样一种精神。也只有具有这种精神,整个协同创新体才能真正在一起攻坚克难。一个只为蝇头小利而从事科学研究的人,不仅无法取得大成果,而且还可能给团队带来诸多负面影响。

相互尊重、相互宽容是打造协同创新文化的基本条件。协同创新体是针对科学技术的重大前沿问题而构建的,能够进入这一协同创新体的均是在各个领域做得非常出色的人,他们可能是思想深刻、见解独到的学者,可能是在市场上经过千锤百炼的商人,也可能是善于组织管理的官员,还有可能是精通知识产权管理的律师等。在由这样一批精英组成的协同创新体中,每个人都有自己已成熟的价值观,因此,在短时间内要求这个创新体服从准军事化的纪律要求,不仅不可能,而且还会对协同创新文化造成颠覆性损坏。唯一能做的,就是营造一个尊重个体、宽容待人的文化氛围。

可持续发展的价值理念是打造协同创新的根本保证。协同创新体是当代科学技术与社会现代化整合的产物。各种现有科技资源经过协同创新,能够产生出难以想象的协同效应并实现多方共赢的格局。对于这一过程,我们切不可急功近利,不能违背科学发展的基本规律,要将可持续发展作为贯穿协同创新的基本价值理念。在实事求是中求得新发展,要利用各个创新主体之间的高效互动,促使各主体多方共赢的深度合作,实现可持续发展。

协同创新的最终目的是建立企业、高校及科研院所合作共赢的长效机制。协同创新的实现需要产学研的深度合作,协同创新效率的提高必须通过机制创新、政策项目引导来实现,而构建适宜协同创新的文化氛围对于协同创新的实现具有事半功倍的效果。

第三节　协同创新的内涵本质：知识增值

一、创新体系的知识增值过程

众所周知，知识对于人类社会发展的巨大推动作用不言而喻，早在1986年，著名管理学家彼得·德鲁克（Peter F. Drucker）在《不连续的时代》中首先提出了知识经济的概念，他认为："知识生产力已成为生产力、竞争力和经济成就的关键。知识已成为首要产业，这种产业为经济提供必要的和重要的生产资源。"[①]而步入21世纪之后，随着网络信息技术的井喷式发展，知识本身也伴随着各种表现形式在人与人之间进行着海量传输，其交易成本和规模经济效应使得作为无形资产的知识在与各种有形资产的竞争中逐渐占据了统治地位。可以说，谁可以用最短的时间通过学习或是创造获取更多的知识资源，谁就能在将来的竞争中拔得头筹。

知识增值一直是管理学研究中的热点问题，也曾是合作创新、开放式创新等创新体系的"动力系统"。这里我们首先需要将"知识"与其基础表征形式——信息区别开来。著名学者野中郁次郎将信息定义为一串信息流，是没有经过人类主观改造的无意义符号，而知识则是对于原始信息的第二次加工甚至是创造，往往带有信息掌握者的主观认知和愿望。虽然信息的来源十分广泛，遍及我们衣食住行的各个方面，但是无法被内化；与之相反，知识则可以被个人内化，是一种可以被行动的信息。

然而，静态的知识本身并不能体现其价值，知识只有通过某种形式相联系起来，并发生持续运动和转化，获得螺旋式上升，其价值才能得到最大程度的体现，知识价值链就是这样一种联系中介。价值链的概念最早是由美国著名的战略管理专家迈克尔·波特（Michael E. Porter）于1985年在其著作《竞争优势》一书中提出来的。[②]他将活动分为基本活动和辅助活动，基本活动包括内部后勤、市

[①] 陶燕丽.知识经济时代教育与人力资源[J].宁波大学学报（教育科学版），2001(03)：4-5.
[②] 潘一坤.迈克尔·波特《竞争战略》研评[J].中外企业家，2013(18)：273-274.

第一章 协同创新管理概述

场和销售、服务等；辅助活动包括采购、技术开发、人力资源管理和企业基础设施等。这些互不相同但又相互关联的生产经营活动，构成了一个创造价值的动态过程，即价值链。

托玛斯·H. 达文波特（Thomas H. Davenport）和劳伦斯·普鲁萨克（Laurence Prusak）认为知识在价值链中始终处于动态运动中，通过积极的知识管理，可以实现知识本身价值的增加。[①] 知识增值包括量增值和质增值两个层次。从知识管理的过程来看，企业知识的量增值主要通过知识共享管理来获得，而知识的质增值则主要通过知识创新管理来获得；从知识链的环节来看，知识获取、选择主要是一个量增值的过程，而知识内化、外化则是一个以量增值为主，伴随着一部分质增值的过程，至于知识创新则重点在于质增值，其所带来的量增值是质增值的必然结果。

知识在知识管理的过程中发生了四次价值的增值，它将知识管理过程分成了四个子环节，每一个子环节对应一次知识的增值。因此，知识管理流程通过逐步推进式的知识增值形成了企业知识的价值链。

第一，当面临一堆杂乱无章的信息流的时候，我们第一步要做的就是去粗取精，将有价值的信息作为知识纳入创新体系之中。这个过程虽然没有发生实际意义的价值创造，却在无形中筛选出了有用的信息，使得知识发生了第一次增值。值得注意的是，在知识的获取和选择的过程中，人处于主体的地位，而知识既是客体也是中介。其中作为中介的知识还处于比较混沌、杂乱无章的形态，也就是前面提到的"粗知识"；而人作为这一阶段知识增值的主体，充分发挥主观能动性，将"粗知识"进行有意识的选择，使得作为最终客体的知识发生了价值增值。

第二，在获得了实用价值比较大的知识之后，能否拿过来直接被创新体系所使用又成了一大难题。只有经过后续的整合和加工，才能获得与创新体系匹配的"高能"知识，这对于整个创新系统下一阶段的创新效率有着极为深远的影响，是我们不能忽略的关键步骤。当知识通过系统化产生了第一次增值之后，再次被创新系统吸收并内化，继而发生二次增值，这也是加工与吸收阶段的重要特征之一。在这个过程中，主体和客体的角色与前一阶段相比并没有发生改变，只是作为中介的知识成了上一个环节中经过选择和改造的知识，而客体的知识则是结合了主体的自身知识所产生的直接反映企业目标的知识。

---

① 牛晓格. 供应链协同创新环境下企业间的知识共享机制研究[D]. 天津：天津大学，2014.

第三，在前面两个阶段知识都是在创新系统的内部进行处理的，我们可以把它看作是个体具备的孤立的知识。在网络信息传输高度发达的21世纪，如果知识不能作为动态的信息流在组织和系统间进行传递，无疑将损失十分可观的价值。一旦专属的知识通过共享和转移变成广为流传的知识，传输的结点效应必将使其价值发生几何倍数的膨胀。在知识的共享与转移过程中，人既是主体又是客体，知识成了联结二者的中介，原本属于个人的知识通过群体化效应成为整个创新生态中共有的知识，其巨大的增值效应不言而喻。

第四，作为知识增值的高级阶段，创新和创造是一次知识的颠覆式升华。可以说这一阶段打破了之前知识本身的稳态，知识的物理变化已经不能满足其增值的需要，如何基于原有的信息生产出具有崭新结构的新知识是这一阶段知识增值的关键。全新知识的铸造需要以人作为主体，知识同时作为中介和客体在人的改造下通过创新和创造产生知识增值，这是知识增值的最高境界。

二、协同创新的内涵本质——知识增值

协同创新的内涵本质是：协同创新是企业、政府、知识生产机构（大学、研究机构）、中介机构和用户等为了实现重大科技创新而开展的大跨度整合的创新组织模式。协同创新是通过国家意志的引导和机制安排，促进企业、大学、研究机构发挥各自的能力优势，整合互补性资源，实现各方的优势互补，加速技术推广应用和产业化，协作开展产业技术创新和科技成果产业化的活动，是当今科技创新的新范式。

在科技经济全球化的环境下，实现开放、合作、共享的创新模式被实践证明是有效提高创新效率的重要途径。充分调动企业、高校、科研机构等各类创新主体的积极性和创造性，跨学科、跨部门、跨行业组织实施深度合作和开放创新，对于加快不同领域、不同行业以及创新链各环节之间的技术融合与扩散显得更为重要。

我们认为协同创新是各个创新要素的整合以及创新资源在系统内的无障碍流动。协同创新是以知识协同为途径，以知识增值为核心，以政府、企业、高校科研院所、教育部门为创新主体的价值创造过程。产学研合作方式是国家创新体系中重要的创新模式，合作的绩效高低很大程度上取决于知识增值的效率和运行模式。在知识经济时代，传统资源如土地、劳动力和资本的回报率日益减少，信息和知识已经成为财富的主要创造者。在知识增值的过程中，相关的活动包括知识

第一章　协同创新管理概述

的探索和寻找，知识的检索和提取，知识的开发、利用以及两者之间的平衡，知识的获取、分享和扩散等。在协同创新过程中知识活动过程不断循环，通过互动过程，越来越多的知识从知识库中被挖掘出来，转化为资本，并且形成很强的规模效应和范围效应，为社会创造巨大的经济效益和社会效益。

在知识增值的实现过程中，需要注意两个方面。一是知识产权的归属权问题，产学研合作早期应该以合同文本的形式约定知识产权的归属问题。二是利益的分配问题。利益的分配包括经济利益和社会利益，经济利益一般通过有形的资产表现出来，但社会利益如商标、美誉度等无形资产难以量化，应该以另外的表现形式单独计量。总之，协同创新是多法人主体的合作，产权以及知识产权的明晰十分重要。

通过知识增值凝聚产学研合作的各个主体，有利于实现协同创新的可持续发展，同时可提高各个创新主体之间的创新积极性，对于构建具有本国特色的自主创新型国家具有重大意义。大学科研机构通过将知识转化为资本可以增加科研经费，进而增加科研经费投入。新的科研经费投入又有利于对新的知识和科学原理的探索和发现，实现知识创造—知识收入—知识投入的良性循环。对企业来讲，则可以以更低的成本获取创新资源，实现从封闭式创新到开放式创新的转变，不仅可以从外部引进现成的技术人才，同时也可以将闲置的技术和资金投入创新系统的其他主体要素。亨利·切萨布鲁夫（Henry Chesbrough）在《开放式创新：创新方法论之新语境》[①]中写道：未来企业的赢利能力取决于企业从外部获取创新资源并将其转化为商业价值的能力，也就是获取知识、利用知识、实现知识增值的能力。在政府层面上，以知识增值为核心的协同创新有利于推动地方经济发展，增加财税收入，降低失业率，实现资源和经济的可持续发展；知识增值有利于科技中介机构的发展和服务水平的提高。科研中介机构包括各类大学科技园以及创业园、孵化器等组织。科技中介机构为产学研合作以及协同创新搭建了良好的平台，有利于降低创新主体之间的交易成本以及道德风险。总之，协同创新是企业、政府、知识生产机构（高校、研究机构）、中介机构和用户等为了实现重大科技创新而开展的大跨度整合的创新组织模式。因此，在实践操作层面，需要构建协同创新的组织和平台推动协同创新的科学发展。

---

① 亨利·切萨布鲁夫，维姆·范哈弗贝克，乔·韦斯特. 开放式创新：创新方法论之新语境[M]. 匡喜林，译. 上海：复旦大学出版社，2016：65-68.

三、协同创新的知识增值与价值创造

协同创新的内涵本质实质上就是知识增值的过程，其为整个创新生态提供了核心原动力。然而，协同创新本身具有的不同于其他创新体系的组织架构和机制特征，使得知识增值过程在这个独特的创新机制中发挥了更大的规模和范围效应。协同创新通过整合维度和互动维度对系统进行优化。在整合维度上，主要包括知识、资源、行动、绩效，而在互动维度上则涉及各个创新主体之间的互惠知识分享、资源优化配置、行动的最优同步和系统的匹配度。可以说，协同创新实现了沟通—协调—合作—协同的螺旋式上升的过程。因此，涉及广泛创新主体和利益相关者的协同创新体系，使得知识的集聚不单单发生在某个创新主体或内部，而是跨越了组织和区域的边界，产生了更大的创新活力。我们都知道，宏观意义上的创新生态环境汇集了大量相关的市场、技术、相关产业及竞争等各种信息。这是因为：第一，协同创新涉及大量的作为信息和知识载体的人，他们在一定地区内的流动能够给此地区注入大量的行业知识、信息、经验和技能；第二，协同创新体系构建的交错复杂的经济社会网络，使得区域内的人或创新主体与区域外形成了相互联系，拓宽了知识和信息的流入渠道，并进一步加大了知识信息的汇入量。同一产业或相关产业的跨地区和跨组织的集聚，极大地激发了创新人才提高自身能力的动力，这样不仅能够让他们自发地保持对该产业的相关知识、信息的敏感性，也有利于企业创新机制的长效保持。随着产业集聚规模的扩大，基础设施逐渐完善，相关知识快速汇集，这样的良性循环有利于持续提升创新绩效。

创新体系的组织构架的直接目的就是创造价值。从狭义上来说，价值创造就是将创新成果商业化并产生经济收益的过程。而广义上的价值创造则不仅仅包括商业和经济价值，能够通过各个创新主体的协同集中力量对一些影响国计民生的重大专项进行系统攻坚，实现难以用金钱计量的社会价值，无疑是协同创新希望达到的战略高度。我国自主研发高速铁路就是最典型的例子。

价值存在于企业和消费者共同经历的过程中。价值由企业和消费者共同创造，共创价值的过程就是价值的基础。共创价值的过程以单个消费者的感受为核心，价值在消费者和企业交流时体现。因此作者进一步提出，在未来的经济中，竞争将以实现消费者的体验为核心。也就是说，竞争的未来存在于共创价值的方法中，它是基于以单个消费者为中心的企业和消费者共创价值的过程。

第一章 协同创新管理概述

而企业价值的含义有不同的范畴，有的经济学家认为企业价值是企业的资产净值和商业形象价值的总和。企业价值既包括真实的资产，也包括企业的无形资产和组织价值。从 20 世纪 80 年代中期至 21 世纪初，德国、瑞典、英国、美国和其他一些国家的无形资产投资就开始超出有形资产的投资，这显示了企业的市场价值与用于更新其有形资产的费用之间的差距日益拉大。一个公司的知识资产可被界定为它是公司成员的知识和被转化到实际应用中的知识的总和。但这与将显性知识置于重要地位的西方学者的观点不同，日本学者往往更注重企业中组织学习与知识创新的隐性方面。

从知识增值体系中我们不难看出，内部知识的外化以及规模化成长阶段所实现的知识的转移与共享对于知识增值起着显著的推动作用。然而是不是所有的知识增值都能顺利地转化成资产价值的增值，答案并不尽然。实际上，价值从知识到资产的转化是需要一定条件才能实现的，而不同的创新体系对于转化实现条件的满足程度也不尽相同。总的来说，顺利完成转化需要有以下三点保障：第一，信息能够在知识链内部无障碍地流动，通过积极的知识管理逐步增值；第二，完成从学术研究领域到应用实践领域的跨越；第三，价值创造过程中完善的制度保障和激励机制。

综合以上三点，我们发现协同创新机制几乎为价值创造提供了所有的有利条件。与合作创新和开放式创新相比，协同创新的组织架构显示出了明显的优越性。合作创新虽然也充分调动了各方优势，实现了深度的资源整合，但是在实践过程中仍然存在一定的局限性。

知识增值究竟是如何通过协同创新机制最大限度地转化为资本的价值的呢？正如之前所提到的，转化的关键就在于知识转移和共享的过程。技术的国际转移能够帮助企业积累有价值的知识并促进技术扩散，从而缩小地区之间的技术差距。知识转移是在一定的情境中，从知识的源单元到接收单元的信息传播过程。此后，各国学者对知识转移展开了系统的研究，并产生了诸多关于知识转移概念的主要观点。一些学者把知识转移定义为：知识势能高的主体向知识势能低的主体转移知识内容的过程，这个过程伴随着知识的实用价值让渡，一般会带来相对应的回报。因此，知识转移是在特定的情境或环境中知识从拥有者到接收者的传递过程，在这个过程中一般会伴随着知识价值的让渡与增值。更为重要的是，知识转移不仅强调知识的传递过程，也强调知识的应用及其收益。从前文我们已经知道，知识增值过程是创新体系价值创造的基础，然而实现增值的知识只有被运用到企业实践当中，才能真正体现其经济价值，继而体现出创新活动的价值。作为协同创新体系的核心，创新企业能否将知识增值转化成企业本身的价值至关重要。因此通过打造具有实践价值的创新知识价值链，将不断增值的知识应用于企业的各项生产经营活动中，能够进一步提升企业的绩效，使得企业也获得增值，进而带动其产品的附加值，最终给企业带来更高的利润。因此，知识价值增值促进了企业价值增值，可以说创新知识价值链就是企业价值增值的重要来源。

更进一步来说，我们已经从宏观层面认识到了在创新系统中的知识增值对于各个创新主体不断深化知识认知的过程，而从微观上来说，知识增值又主要依靠知识的转移和共享。组织作为创新体系的单位，在这个过程中需要扮演双重角色。第一，先进的创新体系要求组织能够源源不断地从外部环境中获取有用的知识；第二，组织还需要高效地整合这些来自组织外的信息，结合自身优势进行整合和加工，并且实现改良知识的二次转移与分享，这才做到了真正意义上信息的双向循环。整个系统通过这样互惠互利的知识转移共享方式，最大限度地激发了创新活力。

而对于更小的创新主体——企业来说，专利和知识产权就成为知识转移和共享的载体，也是企业价值的核心体现。可以说，知识产权价值的实现是企业发展知识产权的本质追求。国内外学者从哲学和经济学角度讨论了知识产权的价值。在哲学上"价值"是客体对主体的生存和发展的效用。所以，知识产权的价值在于对主体生存发展的贡献。当主体为企业时，知识产权作为企业的一项无形资产，是以其具有的获利能力和可持续发展作用为其存在前提的，其对企业赢利的贡献体现了知识产权的价值，赢利越多，价值就愈大。对于以企业为代表的生产者，知识产权的效用就是其能否或在多大程度上满足生产者获取收益的需要，此效用决定了知识产权的价值，对生产者有着直接的经济意义。或者说，在生产要素的交易中，生产要素的效用可以理解为对于生产者而言，其在生产过程中发挥的作用，表现为利用该生产要素可为其拥有者带来的利润或收益。对于知识产权价值实现的途径，知识产权的价值存在于知识产权商品化和市场化的过程中，只有市场化才能把知识产权的价值通过企业的赢利而实现。综合以上观点可知，以企业为主体的知识产权价值，可以用知识产权在经济活动中实现的企业收益来衡量，知识产权的商品化和市场化是其价值实现的途径。

处于协同创新系统中的企业，在价值创造和价值实现的过程中具有得天独厚的优势。从价值创造的主要影响因素来看，最关键的三点就是技术、市场和资金。企业能够通过积极研发和专利管理获得技术上的优势，对于企业在竞争激烈的 21 世纪站稳脚跟至关重要。协同创新体系通过多创新主体的整合和互动，充分共享了知识信息资源。同时，完善的制度优势深化了知识产权和专利成果产出的计划、组织、协调、控制，加大了创新资源投入与积累的力度，实现了企业内外创新资源整合的强度，加快了核心技术突破的速度，提升了专利标准化的水平，使企业技术能力得以全方位提高。

而从市场上来看，进行协同创新的企业首先能优先得到地方甚至是国家政府的青睐，政策倾斜和有针对性的目标无疑能够加速创新成果在市场上的广泛推广和应用，以最快的速度实现经济价值。不仅如此，将风投和私募等多种新兴金融机构和主体引入创新系统，更具有现实的进步意义。随着我国资本市场不断开放，融资渠道更为丰富，创新主体完全可以根据自身需要选择适合自己的融资方式。对于风险资本来说，它创造价值的过程就是对创新企业进行创新管理的过程。创新企业一般没有正的自由现金流，在技术、产品、市场、财务及管理等方面存在较大的风险。降低这些风险，使企业的产品由概念到成型、到系列产品线，市场由小到大，技术由幼稚到成熟，管理团队由弱到强，使创新企业不断地发展，走向规范化，这是风险资本创造价值的必然选择。风险资本家会在财务和融资方面对创新企业实行严格的控制，会自己派出公司的财务总监监管公司的资金运作，并聘请专业的会计师或审计师对企业的财务状况进行审计，它的阶段性投资安排与这一环节紧密相连。在实现创新管理之后，风险资本实现价值的最佳方式是以公开上市形式退出创新企业，其前提是创新企业符合实现公开上市的条件。第二种方式是以被其他企业并购的形式退出，即将创新企业卖给其他战略投资者，其前提是创新企业符合这些战略投资者的投资要求和标准。而无论采用何种方式，对企业而言都实现了从知识价值到商业价值的显著增值，对于创新企业创造经济效益起着不可估量的推动作用。

第四节　协同创新的共享机制：知识协同

协同创新的共享机制主要是在以高校、企业、研究机构为核心，以政府、金融机构、中介组织、创新平台等为辅助要素的多元主体之间，通过协同创新共享

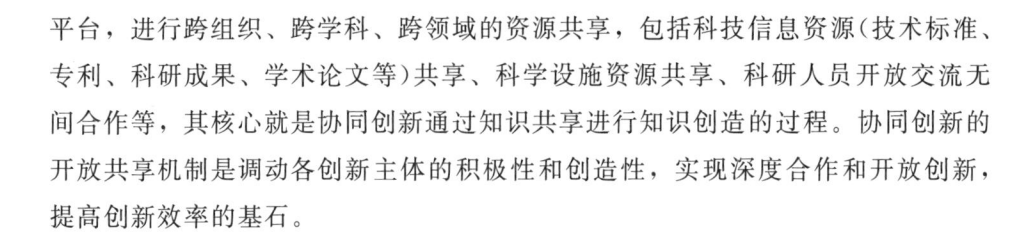

平台，进行跨组织、跨学科、跨领域的资源共享，包括科技信息资源(技术标准、专利、科研成果、学术论文等)共享、科学设施资源共享、科研人员开放交流无间合作等，其核心就是协同创新通过知识共享进行知识创造的过程。协同创新的开放共享机制是调动各创新主体的积极性和创造性，实现深度合作和开放创新，提高创新效率的基石。

一、协同创新的知识协同

(一)协同创新的知识协同模型

知识协同是协同创新的核心，知识区别于信息与数据，是科研人员对公共信息进行处理加工以及推理验证而得到的，属于知识管理的协同化发展阶段。知识在合作组织间的转移、吸收、消化、共享、集成、利用以及再创造，本质上是企业、高校和科研机构所各自拥有的隐性知识与显性知识相互转换和提升的过程。知识协同的两个直接目标是知识共享与知识创新。个人的价值并不在于他掌握了别人不懂的技术，而在于他能在多大程度上与别人共享并革新这一技术。只有在知识充分共享的基础上，才能促使显性知识与隐性知识之间以及二者内部的转化与创新，从而形成一个良性发展的知识链，并最终使协同创新系统成为一个具有竞争力的知识型网络。知识协同包含着多个反馈与回路，是各种知识流在创新主体头脑中的风暴式重组。知识协同的基本过程主要包括四个阶段：知识获取、知识消化、知识共享以及知识增值。根据相关学者提出的知识创造 SECI 过程，其实质就是隐性知识和显性知识之间的相互转化，包括社会化、外部化、联合化、内部化。

1. 社会化

社会化过程是通过把隐性知识汇聚在一起进行交流，共享经验并产生新的隐性知识的过程。因为隐性知识具有特定的背景条件，难以公式化，所以获得隐性知识的关键就是通过共同活动来体验相同的经验。这个过程不是通过书本或语言可以学习掌握的，而是通过在实践中不断地观察、模仿、感悟等才能达到掌握的目的。

在协同创新系统中，这个阶段主要是促进成员之间隐性知识的交流。多方创新主体，在协同创新平台以多个项目为载体进行知识的交流。协同创新能力在很大程度上依靠隐性知识的集成，关键是个人如何积极贡献自己的隐性知识，通过交流使自有知识成为共享知识,通过知识集成产生新知识。个体的隐性知识转化为共同的隐性知识,并使其丰富化,为知识的创新提供了动力。必须指出的是,保证组织成员的隐性知识得以交流的重要条件是,参与共享的成员之间应掌握共同的话语系统,对事物有相近的理解力,要具备高质量的经验,这样才能使得他们的隐性知识能够增长。与此同时,还要求具有良好的团队建设、亲密、和谐、共享、相互关心的组织氛围和文化。

2. 外部化

外部化是把隐性知识清晰地表达出来从而成为显性知识的过程。隐性知识向显性知识的成功转换依赖于一连串的隐喻、类比、范例、概括、归纳和抽象提炼,以便从隐性知识中引发出新的明晰的概念。当隐性知识变得明晰起来时,知识就具体化了。

在协同创新过程中,隐性知识的显性化过程实质上是知识外化的过程。尽管隐性知识一般而言是只可意会无法言传的,但可以借助隐喻、类比、概念和模型的方法进行例证和说明,将人的直觉或感悟表达出来。以更多的已有知识来加以类比,才能更加真实地逼近和理解未知事物,才能尽可能多地将意象和逻辑模式联系起来。高校、科研机构和企业间的知识转移,要求知识输出方运用大量已有的知识合乎规范地将隐性知识表述出来,或通过各种形式将知识编码化,能够比较容易地进行知识的传递、修改、储存和复制,让经过外化、整理的知识能够以低成本和跨越组织边界进行传输。这就是知识的外化过程,使知识从个体的、隐性的知识转换为公共的、显性的知识。

3. 联合化

联合化是将显性知识的各个成分或分立系统相互交叉、结合,形成更为系统的或更为复杂的知识的过程,或形成新的显性知识的过程。这个系统比起综合的各个成分系统性更强、内容更丰富,具有原来各子系统所没有包括的内容或知识,形成了新的知识。

在协同创新中,主要是指大学、企业和科研机构等创新主体把自己已有的显性知识与从外部获得的已"外部化"的显性知识进行汇总组合,将一些分散的显性知识整合形成新的显性知识系统。在这个阶段传播和编辑现有的显性知识是非常重要的,信息技术对增强显性知识起着重要的作用。

4. 内部化

内部化是个体或组织吸收显性知识并使其转化为新的隐性知识的过程。把显性知识转化为隐性知识，成为个人或组织在新的条件下内在化了的知识，用来拓宽、延伸和重构组织成员的隐性知识，以提高其应对环境变化的实际工作能力。

协同创新主体通过学习和实践，消化和吸收组织内部的显性知识，最终内化为自己的隐性知识。高校、企业都必须关注相关学术人员、研发人员个体层面的隐性知识的积累和丰富，因为个人的隐性知识是组织知识创新的基础。当其在更高层面上，隐性知识和外显知识相互作用，再次进入社会化、外化、联合化和内化的知识螺旋时，知识的层次变得更高，知识的总量也会变得更多。

根据知识互动的正式化程度、隐性知识转移、人员接触方式等，区分了专利许可、联合研发、共同参与会议、学术创业、非正式研讨、通过项目培训学生、人员互流等知识协同形式。跨组织的知识转移及协同过程通常是非常复杂的，需要超越传统的成果转让的线性思维，其受到合作双方的战略意图、组织能力匹配、伙伴选择、信任、知识特性、知识转移渠道、组织间距离（包括地理、知识和文化距离）以及学研方的知识可靠性、知识转移愿景、沟通和编码能力等因素的影响。

协同创新的多方创新主体在创新需求的推动下，在国家与政府的引导下，选择共同协同创新主题的合作伙伴，实现知识共享，特别是互补知识，并通过个体与组织、个体与个体、组织与组织之间的隐性知识的相互转移、学习、消化吸收以及创造，共同达成国家重大科技创新的需求。在合作过程中，多方主体应在知识协同中建立开诚布公的态度和透明化的机制设计，尽量避免知识交易中的机会主义行为和衍生成本，提高知识发送方和接受方的利益期望。

二、协同创新异质性知识合作

协同创新的知识协同基于创新主体异质性的合作，高校、企业和科研机构在组织特性、组织目标和组织边界上存在较大的差异性，协同创新使得企业、高校以及科研机构利用各自的要素占有优势，分工协作共同完成一项技术创新。

异质性在战略管理和人力资源管理领域，一是用以描述组织独特的资源禀赋；二是指在群体或团队中，成员之间在人口统计学特征方面的差异程度，也称团队异质性。这主要被分为以下三类。第一，成员具有的固有特征，诸如年龄、性别、种族等；第二，描述成员和组织关系的特征，如团队任期、职业领域等；第三，描述个人社会关系的特征，如婚姻状态等。由于组织异质性，创新主体能为彼此带来互补性资源，还可以降低技术和市场的不确定性，从而提高创新效率。

高校的知识边界是开放知识，企业的知识边界是封闭或独占知识，两者存在着本质上的差异，这种差异使得经济系统中出现能够自发产生合作的现象。尽管高校、科研机构和企业在组织目标、治理机制和组织文化上存在一定的冲突，但是这种源于异质性的合作却是经济系统可以自发调节的。同质性容易造成排斥，异质性容易促成合作，这源于组织边界和功能上的差异。高校采用基于优先权的开放科学体制，就是要及时地、全面地披露最新的研究成果，这为企业的研发和创新提供了良好的知识环境，使企业可以自由地吸收和利用这些知识。企业采用基于经济租金和独占机制的封闭科学体制，就是激励企业在加强内部R&D，并将R&D知识转化为产品或服务的同时，也要加强外部知识的吸收利用和转化。这种自发的合作为经济系统的良好运行提供了基本的经济动力。协同创新拥有良好的产学研合作基础，而政府能够正确地选择拥有的创新资源并具有很强的互补性或相互依赖性协同合作的大学、科研机构以及企业伙伴，使得他们在共同投入、资源共享、优势互补、风险共担的条件下，实现知识的互补和增值，创造高技术科研成果。

从传统的观点来看，大学以基础研究为主，企业以产品开发为主，科研机构兼顾基础研究和产品开发。大学的知识开放，企业的知识封闭边界清晰，科研机构知识半开放，三者具有很强的互补性，这也是协同创新模式的本质所在。作为科学共同体的大学遵循开放科学的范式生产开放的科学知识，作为技术王国的企业在科学知识的基础上进行应用研究和开发，从而获得商业利润，而重大产业创新和前沿科学创新的推动基本上都源于科学共同体的重大科学发现，这种创新模式是以公共科学为主导的线性模式，产业对科学共同体的知识需求旺盛，而且紧跟科学发展的步伐。从知识形态的角度看，大学主要以发表学术论文为主，企业主要以专利为主，科研机构两者兼有，科学知识和技术知识两种形态存在着很强的互补性，这就是大学、企业和科研机构知识互补的基本原理。

如今大学的研究形态也发生了重大变化，在基础研究的基础上大学也开始了对应用研究和开发的研究，但是大学的知识本质依旧是开放的。科学与技术之间的关系不再是简单的线性关系，而是交互式的关系，并且科学研究和技术发明之间的边界越来越模糊。一方面，作为科学知识仓库的大学和研究机构沿着基础和应用研究的系谱发生重大的变革，主要表现为大学通过专利、学科和高科技衍生公司的方式促进科学的商业化进程。另一方面，科技型企业现在也开始采用和遵守学术界"开放科学"的规范，雇用科学家进行基础科学研究，并在科技期刊上公开发表科技论文。但是，这仍不会改变企业封闭知识的本质。不过，从长远角度来看，科学工作者和企业研究人员进行进一步的合作是时事所趋，以协同合作来解决彼此的科学问题是明智的选择。协同创新使得三方创新主体能够共同利用研究资源，让隐性知识和显性知识在合作和交互中传递，三者的关系从互补走向互动和交互，最后大学和科研机构创造出更有价值、更接近市场、有重大经济意义的科研成果，企业获得卓越的科学研究能力，为可持续发展提供有力保障。

三、协同创新跨组织知识共享

协同创新的动态创新系统构成了一个具有层次性的跨组织知识网络，进行组织内部与组织之间的交流、合作，弥补组织的知识缺口以及创造新的知识。协同创新属于国家层次的跨组织知识共享，核心是国家创新系统，强调国家层次上的知识流动。

个体的隐性知识依旧是知识创造的基础。组织调动个体产生的隐性知识，通过知识转化的四种模式，使得知识在组织层面上得以放大，上升到跨组织领域，知识创造成果与效率得到大幅度提升。

协同创新的知识网络既具有社会关系性，也具有信息技术性。关系网络包括政府、中介机构、金融组织、创新平台等，其有助于从协同中获取所需的隐性知识资源和政策环境要求。尤其是政府，它是国家创新系统的重要因素，它不仅通过制定法律、法规、政策等创造良好环境，还出面组织重大创新技术和创新项目，以各种形式介入整个协同创新过程中，同时推广国家创新成果，分担创新风险。中介机构（如风险基金、科技孵化器等）为创新活动提供有利条件，促进信息、技术、知识和资本的快速流动，从而提高创新的效率。基于信息技术的知识网络主要由高校、企业、科研机构三大创新主体构成，高校和科研机构已经在从事协同创新主题相关领域的基础研究工作，拥有许多具有共用性质的知识技术资源，企业的研发部门也根据产业的最新需求开发出先进的产品设备和高端技术。在协同创新系统这个合作主导的跨组织知识网络里，合作者不存在长期的利益分歧，而是通过互补性的知识交流获得共同利益。协同创新系统的核心竞争力在于跨组织知识共享后的知识创造，通过大学、企业、科研机构等多方主体之间的合作交流与共享，彼此近距离观察、感受，在交流中传递隐性知识，加深感悟，从而推动合作中隐性知识和显性知识的相互转化和吸收，形成协同创新平台自身的知识。

（一）界定需求（demand codification）过程

现象知识经过编码和抽象转变为学术知识。在这个过程中，企业从在实践中遇到的一般容易获得但通常是模糊不清的问题和事实（具体未编码组织间知识，即现象知识）中识别威胁并寻找机会，通过赋予现象知识以结构和一致性以及形式，最初与之相关联的许多不确定的东西会被消除，最终形成独特的深刻见解（抽象编码组织间知识，即学术知识）。在协同创新过程中这个过程主要由政府引导、寻找并匹配合适的高校、科研机构以及企业。

（二）知识获取（knowledge gain）过程

高校和科研机构将编码化的学术知识提供给企业，包括原理、公式、规则、体系和方法论等，帮助企业接受新知识，并且培养起生产指定产品和提供相应服务的能力。学术知识根据企业需要被具体修正和改进，从而形成产品原型或产品概念，变为原型知识。在这个过程中企业首先根据"界定需求"阶段总结出的"见解"搜索符合合作要求的学研方，此后学术知识从组织间进入企业内，扩散性降低，同时学术知识要针对企业具体情境进行具体化（抽象性降低），而企业在与大学和科研机构共同进行测试和改进的过程中获得了原型知识。在知识获取阶段，企业通过理解和学习，将从学研机构那里获得的新知识，外化为与产品概念和原型相关的自身可用的语言、概念等形式的显性知识。

（三）知识消化（knowledge digestion）过程

原型知识经过去编码化转变为操作知识。企业方的研究人员以 learning by doing（干中学）或 learning by using（用中学）的方式，将原型知识以共有心智模式或 know how 的形式融入个人隐性知识库，这个过程类似于 SECI 循环中的内部化过程。

（四）知识共享（knowledge sharing）过程

操作知识经过抽象化转变为专有知识。在这个过程中，参与协同创新的一线工程师们自身拥有的隐性经验通过 learning by doing 的方式，经过结构化过程，把知识简化到最本质的特征，编码充分的抽象知识被扩散和应用到组织内范围广阔的其他情况。经过内在化过程的隐性知识是企业竞争力最重要的来源。类似的，本研究中的专有知识也是企业竞争力的重要组成部分。

协同创新主体都迫切需要合力推进知识的扩散，通过整合外部的公共知识来弥补内部的知识落差，构建由多个知识个体及相互之间的存在关系所构成的知识协同网。基于跨组织知识转移的特性和过程，共同的价值观、外部环境、协同主题、知识差距与需求等对企业、高校或科研机构选择知识协同伙伴有直接影响，他们组成协同创新主体，进行知识转移与组织交互和创造。通过网络化的知识协同将个体知识交织融汇而形成的小组知识，形成了全新形态的多个子知识库，这些子知识库为合作各方所吸收、利用和集成，在扩充自身知识库的同时，通过知识平台进行再一轮的组织间学习（包括显性知识和隐性知识互动），进行知识的逐步再生，最终实现协同创新知识库的知识螺旋发展。

协同创新的跨组织知识共享具有动态性，协同创新平台保持开放，持续获得外界环境的变化信息，适时调整项目发展战略及创新计划，在政府、金融机构、中介机构等的辅助下，以较快的反应速度适应金融环境，把握市场机遇，用经济的投资获得国家所需的重大创新成果。随着技术市场的波动和对知识的需要，动态性还表现在后期加入的创新主体上，以迎合不断发展变化的知识层次和水平，实现对知识空白的填补。

第五节　协同创新与高校实验室管理的融合发展

一、高校实验室的重要性分析

高校实验室作为综合型、实践型、应用型、创新型人才培养的重要基地，在高校教学中发挥的作用日渐突出。高校实验室并非单一的教学场所，它是教育与科研融合的重要组成部分，不仅实现高校由专才向通才和创新型人才培养目标的转换，还反映了高校的教育教学整体水平、科研能力水平、综合管理水平以及科技创新水平。因此，高校实验室在整个高等教育中的重要地位不言而喻，它不仅能有效提升学生的实践能力,还能培育学生的创新精神,成为培养当代社会人才的重要基地。

(一)高校实验室在人才培养中的重要地位

"互联网+"和大数据充斥的知识经济时代,创新型国家、"中国梦"的实现均离不开创新型人才的培养,高等教育肩负着这一光荣使命,而高校实验室又是实现这一使命的重要场所。高校实验室将枯燥的理论、空想的知识转变为生动、可控制、现实的实践内容,激发学生积极探索、勇于创新的精神,培养学生实事求是的严谨科学态度,提高学生的综合素质与能力。"知行"与"学研"于一体的现代教学成为实验教学的重要目标,有效培养社会所需的各层次、各类型人才。

随着市场经济和人才国际化发展水平的不断提升,高校的办学理念和人才培养目标也受到潜移默化的影响。实现由单一专业技能和单一知识体系人才培养向综合型、创新型、善思型转变,构建协同创新水平高、动手能力强、分析和解决问题灵敏以及创新能力强的当代人才培养体系,成为高校实验室教育教学改革的重要目标,实验教学与科研有机协同成为实现这一培养目标的关键。

众所周知,高校实验室不仅是理论与实践融合的发源地,更是教学与科研协同的关键,同时也是现代创新性和开拓性人才培养的摇篮。促进社会进步,实现科技强国目标,高校实验室不仅肩负着综合型人才培养的重要使命,还承担着学生创新性思维发展和创新能力提升的重要任务。为充分发挥高校实验室在现代人才培养中的重要作用,加强各创新主体之间的协同,加快高校实验室建设进程,发挥高校实验室教学与科研融合的重要功能,高校高度重视实验室的建设与改革,为教育教学改革和创新提供了强大的支撑。

(二)高校实验室在社会经济发展中的重要地位

现代高校实验室肩负的历史任务正发生实质性变革,由传统单一实验教学向教学、科研与社会服务融合方向转变。高校实验室的改革与创新成为高校办学和改革的重要方向,代表一所高校的办学、管理与科研水平,其重要作用不可低估。

1. 高校实验室在科研领域中的基地作用

实践出真知,突飞猛进的现代科技发展离不开大量的科学实践,科学技术实验与科学技术理论相辅相成、相互促进。一切科学实验活动归因于科学理论，科技成果的得出离不开科学实验，而且科学理论的真伪也要接受科学实验的检验。高校实验室正是从事科学研究的重要场所，可以不断推进科研成果的转化速度，推动创新型国家的建设步伐。

2."政产学研"合作成为高校可持续创新的重要源泉

高校实验教学与理论教学具有同等地位。作为高校教学的重要组成部分，高校实验室完全可以独立和企业进行产学研合作，既拓宽了学生实验实践的场所，也利于高校实验室功能的进一步提升。产学研的有机结合，实现了企业与高校之间资源的良好对接，企业受政府委托扮演着资金和实验场所的支持者，而高校实验室除提供日常实验教学场所外，还不断优化自身产出，提升高校的社会地位与信誉水平。总之，高校实验室在"政产学研"的现代人才培养中的作用日渐凸显，应用日新月异的创新知识和创新方法，不断产生新的创新成果，研发出更多的创新产品和创新技术，成为当代社会经济发展的重要推动力。

二、协同创新理念渗透于高校实验室的管理

实验成为人类认识世界的重要前提和基础，成为科技发展的重要组成部分。高校实验室以学校为依托进行管理，是高校科研和教学的重要场所，也是培养大学生社会实践能力、开展实验教学、进行科学研究、从事高科技研发的重要基地。高校实验室能够提升大学生综合素质、激发创新思维、培养创新能力，是衡量一所大学办学水平高低的重要标志也是创新性研究成果转化的重要场所，是现代高校教学改革的强大推动力，在高校中占据重要地位。

协同创新渗透到高校教育教学改革与发展的各个领域，突破高校、科研院所、企业与产业、政府、非营利机构以及国际一流实验室之间的界限，加强各主体之间人才、科技与"互联网＋"技术的互融互通，成为当前高校实验室改革的重要方向。但我国"政产学研"脱节现象严重，导致各部门办事效率低下，影响科技创新和知识创新水平的提升，拖慢经济社会的发展速度，制约国家核心竞争力的提升。各创新主体协同成为解决这些困境的关键，更与建设创新型国家目标相吻合。高校实验室成为连接各创新主体的关键因素，是推动协同创新的重要力量；高校是人才、知识和技术的重要输出地，而实验室成为实现这一输出的重要保障；高校实验室肩负着科学研究、社会服务、人才培养的重要使命，是高校创新能力实现的重要前提和基础；高校实验室作为培养学生动手能力、激发学生创新

能力、培养学生探索创新精神的基地，使跨学科教育与科研成为可能，形成创新体制灵活、创新活力充沛、攻克学科困境的良好氛围；高校实验室是实现国家创新需求的重要源泉，不断激发高校师生科研互助、内部各职能机制之间相互协同，为培养创新型人才，产生开拓性创新成果，建设社会主义强国不断筑梦前行。

第二章

高职院校实验室管理理论

第一节　高职院校实验室管理的重要意义

实验室是科学的摇篮，对科技的发展与进步起着非常重要的作用。实验室作为人才汇聚的战略高地和知识创新的重要基地，其地位和作用日趋重要。高职院校实验室是提高学生综合素质的重要场所，对培养学生的科学头脑、创新意识、动手能力、分析问题和解决问题的能力，有着不可替代的作用。

教育是培养人才和增强民族创新能力的基础，高职院校教育是培养高级专门人才的基地，肩负着人才培养、科技创新和社会服务三大职能，在推动经济社会可持续发展中具有得天独厚的优势。我国在"人才强国"战略决策中明确指出要发挥高职院校的人才培养基地作用，同时，赋予了高职院校在实施人才培养战略中的重大使命和社会责任。高职院校实验室既是高职院校不可缺少的重要组成部分和人才培养的平台，又是提高学生综合素质的重要场所，对培养学生学习的积极性和主动性，起着十分重要的作用。

一、实验室是培养创新人才的重要课堂

实验室是培养高级专门人才的重要场所，在育人方面有其独特作用，不仅可以授人以知识和技术，培养学生的动手能力和分析问题、解决问题的能力，而且影响人的作风、思维方法和世界观。

学生在实验室里，可以感受、理解知识产生和发展的过程，养成科学精神和创新思维。在实验前准备，实验中观察、操作和与人合作，实验后总结分析的全过程中可以培养和提高学生收集处理信息的能力、获取知识的能力、分析和解决问题的能力、语言表达能力以及团结协作和社会活动的能力。因此，实验室在培养学生实验技能、创新精神和实践能力方面，在提高教育质量、培养高素质人才方面起着不可替代的重要作用，是实施素质教育的前沿阵地。

科学实验是一切科学理论的源泉，是科学研究的基本实践活动之一。而高职院校的创新活动，大多数是在实验室完成的。实验室能给学生科研提供良好的动手条件，为学生构建创新研究平台，使学生独立思考，自主探索，充分发挥自己的创新思维和想象能力，从而提高学生的实践能力，培养学生的创新意识，锻炼学生的科研能力。

二、实验室是创新的发源地，是国家实现创新体系的重要支柱

知识经济的核心是创新，国家创新体系的基础是实验室和试验研究基地，知识创新、技术创新的重要工作基地是各级各类实验室。而高职院校实验室是知识创新的主要基地，是创新的重要场所。同时，实验室是高新技术产业的孵化器，许多新领域，如生命科学、核技术、信息技术、新材料等技术，都是实验室研究的成果。因此，实验室也是新思路、新理论、新方法创新的发源地。另外，高职院校实验室也是理论和实践的结合部，一些教师在其他领域的新理论、新方法、新技术，都先要在实验室里进行实验、验证，成功以后才上升为理论，最后进一步完善。

由此可见，一个良好的实验教学条件是创新的有力保障。高职院校又是众多高科技技术人才的聚集之地，是创新的主体。国家创新体系活力的源头主要在高职院校实验室。高职院校实验室的建设和改革是建设国家创新体系的基础。为了迎接知识经济时代的到来，我们必须从建设国家创新体系的高度出发，建设好、管理好各级各类实验室，使实验室真正成为高新技术产业的孵化器，充分发挥高职院校实验室在创新体系中的重要作用。

三、实验室是进行科研必不可少的重要基地

可以说没有实验室，科研成果是无法产生出来的。高职院校各个学科的研究工作，就是将新思路和实验进行交叉结合，经过长时期的积累形成新的学科研究方向。交叉的研究方向最终通过研究成果显示出来，这一过程必然要在实验室里进行。因此实验室在目前高职院校科研工作中显得尤为重要。理工类的诺贝尔奖获得者，几乎都曾在实验室进行过艰苦的探索。实验室是科学起飞的基地，是科研工作的重要场所，科学理论来源于科学实验，并受科学实验的检验。在当前科学技术的发展中，几乎所有重大科技问题的突破及一些科技发明创造，都是在实验室的科学实验中获得的。高职院校重点实验室有高精尖大型设备，它可以实现同学们、教师们的创新意识、新思路和新设想。

第二节 高职院校实验室管理现状与发展

一、高职院校实验室管理现状

高职院校实验室管理，是指学校的实验室与设备管理处等相关的职能部门或者实验室相关责任人，对实验室进行管理并发挥实验室作用的过程，主要由管理对象、管理模式和管理结构三个部分组成。总体来讲，高职院校对于教学实验室及科研实验室的管理主要包括对实验室的建设管理、建章立制、仪器设备管理、试剂耗材管理、实验室队伍管理、实验室安全管理、实验室文化建设等。高职院校实验室的管理始终贯穿于实践教学及科研项目开展的全部环节，是高职院校管理工作的重要组成部分。实验室管理好手在一定程度上体现出高职院校管理的整体水平。实验室的管理水平尤其是高职院校对科研实验室安全的管理水平，是实验室管理全过程中的重中之重，提高高职院校实验室的管理水平不仅仅是为教学科研服务，更是为了提高高职院校自身的建设管理水平。

随着学科交叉及理论与实践的紧密联系，我国在高职院校实验室建设的设计规范、安全管理、队伍管理等方面取得了一定的发展，但也存在大量的不足。我国高职院校实验室管理模式大多以集中管理、分散管理为主，二者亦各有优势和劣势。

20世纪80年代以前，因办学条件的限制，高职院校的实验室表现出小而全的特点，各个实验室属于相对应的教研室，资源无法整体利用，设备总体使用效率低下。20世纪80到90年代，各高职院校开始成立专门的管理机构，逐步建立校、院（系）、教研室的多级管理模式，实验室建设逐步适应了高职院校快速发展的需求，在一定程度上，全校范围内开始进行资源整合，但大多管理主体还是基于教研室，对各实验室的资金投入不足。20世纪90年代以后，国家对高等教育投入持续增加，各高职院校实验室的仪器设备、技术队伍等多方面都有了很大提升，开始成立校级的实验中心管理模式，院级的各项资源也开始进行整合，学校层面对实验室建设发展及规划均开始进行关注，但大多高职院校还是以分散管理为主。

若采用分散管理模式，实验室的规划基本是依据所开设的专业开展。分散式的实验室管理的各类规章制度通常由各个教学基层单位(学院、系等)制定,实验室要依附学院已设置的理论课程,主要由所在系进行管理,基本是为了满足学院自身的需求建立起来的简单实验室管理体系,实验室的专业化建设和管理水平较低。这种管理模式下,实验室的规模相对较小,实验室功能单一,资源无法共享,管理资源浪费,学校统筹能力较差,不利于教学及科研资源的科学配置。

校、院、教研室三级管理模式下,大多数实验室依据学院的专业设置而建设,相对来讲,分工较明确,有利于达成管理共识,在专业实验室的建设及管理过程中,实验室教师可以发挥主人翁精神。但此类小而全的实验室管理模式极易造成实验资源的投入浪费。校、院两级管理模式的管理流程精简,学校的主管部门可以对全校的实验室资源进行整合,设置不同功能的实验室。学校实验室总体规划由学校主管部门进行统筹,实验室人员由学院具体来负责管理,院级同类别的实验室也整合建设实验中心,实行实验室主任负责制,使实验室管理流程简化,避免日常管理过程效率低下,有利于教学科研软硬件资源的合理利用。学校一级管理模式使学校整体投入的建设资源在校级平台上整合和共享得到全面实现,打破了专业壁垒,使实验资源得到了充分的利用,形成实验中心和各个院系分离的实验教学体系,有利于开展综合设计类实验,提高实验教学及科研性实验的成果转化率。在实验室日常管理中,应该让实验资源得到充分整合,实行管理集权与管理分权相结合的实验室管理模式,让教师全身心地参与实验室建设与管理过程当中,使其适应当代高职院校"双一流"建设实验室发展的迫切需要。

20世纪90年代以来,高职院校实验室信息化建设发展迅速,以计算机网络技术、数据存储技术、快速数据处理技术为基础,以实验室建设及管理体系为支撑,构建起了新的信息化实验室管理体系。

"互联网+"下的实验室信息化管理:"互联网+"是目前实验室建设与管理的主流发展趋势,不仅能够方便学生了解学习互联网技术,还能够充分发挥媒体在资源配置中的主要作用。在"互联网+"的背景下,国外许多高校如哈佛大学、牛津大学等都开设了网课,世界各地的学生可以通过互联网进行学习,正因为互联网的普及,以及大学生数量的日益增加,所以更有必要搜集整理世界范围内优秀的实验教学资源来供学生进行学习。除此之外,实验室还应该专门创建实验室的信息资源平台,合理运用信息资源,优化配置平台课程,在主流课程开放平台上开放实验课程。

虚拟现实(virtual reality,VR)是一种可以创建和体验虚拟世界的计算机系统，它利用现实生活中的数据，通过计算机技术产生的电子信号，将其与各种输出设备结合使其转化为能够让人们感受到的现象，可以生成具有视、听、触等多种感知的虚拟环境，用户通过使用各种交互设备，同虚拟环境中的实体相互作用，使之产生如身临其境般的交互式视景仿真和信息交流。国家虚拟仿真实验教学项目是推进现代信息技术融入实验教学项目、拓展实验教学内容广度和深度、延伸实验教学时间和空间、提升实验教学质量和水平的重要举措。要突出以学生为中心的实验教学理念、准确适宜的实验教学内容、创新多样的教学方式方法、先进可靠的实验研发技术、稳定安全的开放运行模式、敬业专业的实验教学队伍、持续改进的实验评价体系和显著示范的实验教学效果。按照先建设应用、后评价认定、持续监测评估的方式，按建设规划分年度认定国家虚拟仿真实验教学项目。

"物联网"背景下的实验室信息化管理：物联网这一概念建立在网络的基础之上，利用现代的信息化技术进行信息传感的装置，如传感装置识别功能、传感器设备的安装、GPRS定位装置的安装、远红外线装置安装等都是物联网概念下的产物。目前通过物联网技术的引进，高职院校实验室信息化管理的网络概念发生了变化，由原本的网络客户端信息延伸到物品之间的网络信息资源，以互联网的发展形式为核心，以信息的传递和交换为主要形式，在此基础上实现网络的扩展和延伸。随着物联网时代的来临，网络技术在不断发展中逐渐突破了传统信息时代的概念，科学技术的进步对网络技术的创新和应用影响给高职院校实验室建设和管理带来了便利条件。在物联网背景下，高职院校实验室管理逐渐从传统的管理模式中脱离出来，物联网的资源获取形式和数据传播形式逐渐被大众认可和接受，利用网络技术和数据资源信息化管理技术，可以对实验室内存放的仪器设备进行实时管理，使高职院校实验室管理更加科学、严谨，数据更加真实。

"大数据"平台下的实验室信息化管理：学校利用大数据的信息资源云服务平台建立数据中心，将实验教学软件和实践教学资源分享至实验室的系统内，将学校的资产、人事、学生、教务、图书、教室、实验室、水电、网络、门禁、监控等各类平台数据整合，消除信息孤岛，让信息多跑路，信息共享化，建立新型管理模式下的智能化管理系统平台，让实验室仪器及实验课程有机结合，为实验室提供数据智能支持服务。同时，学校还可以按照不同学生特点实施个性化教学，在实验室的学习上体现学生的独立自主性，通过信息化系统，让学生自主地去选择对应的学习内容以及学习的深度、难度，充分给予学生自主选择权。

第二章　高职院校实验室管理理论

随着"双一流"高职院校的建设与发展，国内高职院校不断地进行综合改革及创新，因前期的实验室管理体制或管理模式相对薄弱，所以总体功能仍在不断地规范中，目前在运行的过程中仍然存在一些问题。

在科学技术的研究与探索过程中，实践是检验真理的唯一标准，实验是最佳的理论验证方式，也是收集基本数据的根本渠道。对实验室进行有效的管理也是实验室的主要内容。目前，我国各高职院校在实验室的制度与管理方式上相对落后，管理水平也亟待提高，实验室各类管理制度尤其是安全管理制度建设不够完善，高职院校对教学及科研实验室的管控与科技的发展速度不能达到一定的平衡。之前很多年，高职院校领导普遍没有重视对实验室的管理，更未意识到实验室规章制度管理与建设的重要性，实验室缺乏一定可行的规章制度，未规范管理工作程序，进而造成各实验室缺乏统一的建设规划和管理体系的结果，制约了教学资源的合理分配，在某种程度上限制了实验室的快速发展。当前高职院校最值得关注的问题，即对实验室进行前期科学合理的建设规划，对投入的资源进行统一配置，让高职院校实验室管理工作走向制度化、规范化、专业化、科学化。因此，加强对实验室的管理是关键且紧迫的问题，构建合理、科学的规章制度，才可以使实验室高效地、有条不紊地运转。

分散型管理的实验室，隶属于二级学院或者教研室，建设时大多只考虑自己专业的需要，对于交叉学科或者其他相近专业的学科考虑得少，最终导致实验室重复建设、实验课课时少、实验室面积和规模小、实验设备台套数少、利用效率低下等问题，不利于培养学生的综合实践能力。最后形成实验室整体设备单一，只为一个专业服务的局面，无法形成较大规模的实验室，导致实验室与社会的发展需求不相适应，难以为高水平大学的快速建设及发展提供教学和科研基础保证。

随着国家经济快速发展，国际化水平的提高，国家对教育事业的投入亦在逐年加大。但实验室建设却并未在高投入中得到大量支持。部分学校将大量事业经费投入基础设施建设中，使得部分高职院校的实验室缺乏相对稳定及持续的保障；实验用房、仪器设备配置和基础配套设施均显得相对落后，实验仪器数量跟不上，甚至部分教学设备因未及时换代而无法满足教学需求，使得教学内容也滞后于科学技术发展，甚至一些仪器设备的维护保养费用对于部分实验室来讲都难以得到保证。同时，部分高职院校实验室建设经费在使用上也不尽合理甚至存在着浪费现象，例如很多高职院校过多关注实验室规模和设备设施建设，而忽视了专业建设与实验室人才培养和前沿技术的引入。

随着实验老师退休减员，部分高职院校已明显缺乏实验室技术人才，同时，实验教学专职教师队伍的地位和待遇相比于理论教学教师仍然偏低，实验室技术人员的专业水平也相对较低，师资力量较弱，难以调动工作人员的积极性。工科专业实验室的设备仪器数量大，出现故障后，难以得到专业及时的处理。很多专业实验室的技术人员大都身兼数职，而非专职管理人员，也没有时间开展仪器设备的日常专项养护，导致设备故障较多，影响实验教学项目的顺利开展，以至影响到实验课程。

高职院校对实验室管理人员培训与考核管理不到位，如实验室人员的职称及待遇问题，较多高职院校实验室人员福利待遇不高，会严重影响实验室管理人员工作的积极性，引发优秀实验室人员大量流失，给实验室技术队伍、实验能力造成不同程度的影响。

随着我国高职院校"双一流"的建设与发展，部分高职院校对设备以及材料购置的投入增加，使得校内化学品、剧毒品、易燃易爆品数量增多。同时，部分高职院校的实验室安全管理体制不健全，工作机制和专职管理机构未明确理顺，安全管理制度和应急预案仅仅流于形式，应付检查，未起到实际作用，相关的实验操作规程也未及时更新修订。实验室安全管理投入的经费不足，安全管理队伍建设长期未得到足够重视。近几年实验室事故不断发生，常发生的事故有火灾、爆炸、中毒、实验室漏水、触电等，造成了很大的财产损失和不少的人员伤亡，同时也造成了严重的环境污染。因此，重视实验室安全，保障实验者的人身安全、实验室财产安全，防止环境污染在当前显得尤为重要。

部分高职院校实验室由于各类专业条件及设备条件的限制，很难吸引高水平专家学者到校进行学术交流以及课题研究，因而学生缺少直接接受前沿技术的途径。此外，一般的高职院校实验室管理模式是只向国家或地方审批通过的一些科研团队开放，其他学生无法进入到实验室进行学习研究，同时为了保护自己创新的科研成果，往往会对实验室进行封闭处理，防止实验进程以及实验结果的泄露。实验室人员不足对实验室开放也造成了一定影响，实验室开放对老师提出了更高的要求，教师必须有充足的精力与实践经验来开发实验项目，指导学生调试设备和进行实验。

部分高职院校实验室管理信息化系统建设发展滞后，网站及平台建设有待加强，使实验室的资源无法对外共享，同时也影响了实验室知名度的提升；学生选课信息系统未建立，实验教学手段和技术也有待加强。

　　高职院校实验室管理是否合理，直接决定了高职院校实验室的使用率以及使用的效果。必须加强对实验室日常管理现状的研究，利用网络技术、信息技术以及大数据技术的发展，促使高职院校实验室实现专业化、规范化、合理化、科学化以及信息化的管理，为高职院校人才培养、科研进步发挥更大作用。

二、高职院校实验室发展概况

（一）实验室发展的历史沿革

　　在历史上，希腊、埃及、中国的科学家们就做了大量的实验。广义地说，他们当时进行实验的场所，如中国古代东汉时期（公元 25—220 年）人们炼金、炼丹的场所，唐朝（公元 618—907 年）炼丹家们用硫黄、雄黄和硝石密闭加热引起爆炸并由此发明火药的场所等，就是实验室的雏形；他们所使用的工具、物品就是实验仪器或称为技术装备。但那时，人们对科学实验的重要性还缺乏足够的认识，科学实验也缺乏十分明确的目的，实验条件和场所也十分简陋。

　　真正的实验科学是从伽利略（Galileo，1564—1642）开始的。他不仅是实验科学的开拓者，也是经典力学的奠基者，在科学发展的历史上做出了杰出的贡献。他用自制的望远镜观察太阳、月亮和星星，取得了大量的科学成果。为了验证自由落体与物体重量无关，他把数学引入物理实验，通过间接量的测量来测定加速度，并做了著名的"斜面实验"，得出了在斜面上运动的物体其路程与时间的平方成正比的重要结论。他还做过许多重要的实验，如光速测定试验、单摆实验等，得出了许多重要的结论。他不仅把实验作为科学研究的一种最重要的手段，而且为实验提供了一些重要的方法。随着科学研究的迅速发展，实验室的建立开始从个别科学家发展为科学团体组织，如意大利 1657 年建立的齐曼托学社，德国 1672 年创办的实验研究学会等。这些实验室主要是进行科学研究的场所，尚未引入学校作为教学基地。19 世纪初期，由格拉斯哥大学化学系教授托马斯·汤姆生（Tomas Thomson）建立了第一个供教学实验用的化学实验室，后来，威廉·汤姆生（William Thomson，1824—1907）教授又在该校建立了第一个用于教学的物理实验室，著名的剑桥大学的卡文迪什实验室也于同时期建立……各国著名的大学都相继成立了实验室。这些世界知名的实验室有一个十分突出的特点，它们的负责人都是著名的科学家，它的工作人员也多半是优秀的科学家。所以，近200年来，许多重大的科技发现都来自这些古老的实验室。现在，实验室已成为理、工、农、医、师等院校的重要支柱。很多文科院校（如文、史、政、经、法等）也逐步建立了实验室，充分利用现代科学技术开展研究和教学，并把研究成果建立在科学实验的可靠基础之上。

实验室不仅是开展科学技术及工程实践研究的重要场地，还是开展教学科研、人才培养的重要保障，同时，实验室又是科技创新的前沿阵地。纵观实验室的发展历史，我们就可以发现实验室在社会发展中具有重要的地位和作用。

（二）我国高职院校实验室发展历程

1965年以前，是我国高职院校教学实验室发展的奠基阶段。中华人民共和国成立以后，随着全国高等院校进行院系调整，高职院校设立以专业为基础、以课程为对象的实验室，单独占有一定量的人员、经费、房屋、设备的实验室隶属于教研室。由于中华人民共和国成立不久，百废待兴，国家资金有限，对高职院校实验室的建设和维持实验室运转的资金投入不多，所以各高职院校使用的教学仪器设备基本沿用以前的，实验内容也以验证性实验为主，此段时期高职院校实验室的发展相对较缓慢。高职院校的实验室建设经历了一个从无到有、从小到大、前进中有曲折和不断完善的过程。各高职院校按《教育部直属高等学校暂行工作条例（草案）》要求，抓实验室的发展规划和建立管理机构，调整充实了实验室，实验室构架基本形成，实验仪器设备基本上能够保证教学实验的要求。在当时的艰苦条件下，师生们发扬自力更生、艰苦奋斗的精神，教育与生产劳动相结合，使高职院校的实验仪器设备研制工作成效显著。

进入20世纪80年代后，一些高职院校打破实验室的旧体制，集中人力、财力、物力建立了一批水平较高的系级实验室，扩大了实验室的服务面，提高了投资效益，在实验技术人员队伍调整和培养、资金投入、实验室资源优化配置、改革实验室结构体系等方面取得了突破性进展。为了迅速提高我国的科学技术水平，国务院从第六个"五年计划"期间开始利用世界银行教育项目和农业与卫生项目的贷款，购置具有20世纪80年代初先进水平的仪器设备装备高职院校实验室并对实验技术人员进行培训。1981年到1990年，中国与世界银行签订了多个教学项目的贷款协定，先后安排了一定的支出作为三个大学发展项目。这些世界银行贷款项目为我国高职院校实验室仪器设备的购置、公共实验平台的构建和学校的发展打下了基础。随着高职院校教学科研仪器设备装备水平的提高和数量的增加,各高职院校在恢复和健全管理规章制度的同时,加强了实验室管理,特别是让实验室人员逐步"归队",选派德才兼备的教师、技术人员、工人和管理人员充实实验室队伍,落实政策,调动实验人员的积极性;重新调整实验室用房,扩大了实验室面积,使高职院校实验工作条件得到了改善。

20世纪90年代以来,是高职院校教学实验室发展的飞跃阶段。国家教委为保障高等学校办学的基本条件,保证基础课的教学质量,提高实验室的投资效益,全面开展了对基础课教学实验室的评估工作。通过对实验仪器设备设施环境的建设改善了高职院校办学条件,实验室的面貌有了很大改观,保证了实验教学的质量,促进了实验教学改革,提高了学生动手能力;优化了实验室工作人员的数量、层次和结构,调动了实验人员的积极性,促进了实验室建设与管理的改革和发展。随着我国对实验室建设力度的加大,各高职院校在实验室管理体制方面先后进行过多次体制改革及管理模式改革。遵循相同或相近学科归类的规律,以有利于学科建设,有利于提高办学质量和效益,有利于提高学生的实践能力为指导思想,对实验室进行调整、合并、重组,探索教学实验室组织方式创新和运行机制创新,开始逐步改变实验室人员分散、条块分割、各自为政、投资难以集中、重复建设和资源浪费等弊端,发挥现有的资源优势,对于实验室的建设与发展是有益的。

(三)我国高职院校实验室的发展分类

随着我国对高等教育的大力投入,高职院校实验室在规划建设以及规范管理方面也取得了快速发展,在实验室建设、安全管理、虚拟仿真教学项目、实验室管理以及实验室技术人才等方面都开展了深入研究。若按照高职院校实验室归属的管理层次分,可考虑将高职院校实验室分为国家级实验室、省部级实验室、校级实验室、院级实验室。改革开放以来,我国在高职院校相继择优设立了一批国家级实验室和省部级实验室。学校作为依托单位是实施实验室建设和运行管理的具体负责单位,国家、省市政府和部委直接专项拨款投资,在管理上,实验室直接或间接地受这些主管部门的指导和控制。它们具有先进的科研实验条件,具有很高的实验水平和管理水平,可以进行高水平的基础研究和应用基础研究,是开展学术研究、进行关键领域研究的重要基地。校级层面的实验室多以教学型为主。

总之,高职院校实验室是教学、科研和技术转化的重要场所。在新形势下,

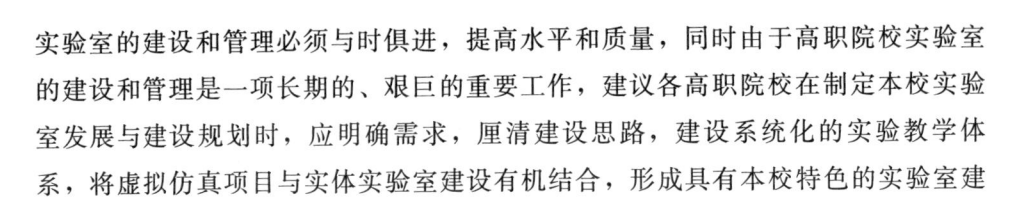

实验室的建设和管理必须与时俱进，提高水平和质量，同时由于高职院校实验室的建设和管理是一项长期的、艰巨的重要工作，建议各高职院校在制定本校实验室发展与建设规划时，应明确需求，厘清建设思路，建设系统化的实验教学体系，将虚拟仿真项目与实体实验室建设有机结合，形成具有本校特色的实验室建设体系。

第三节　高职院校实验室管理的特征

一、层次分明，责任清晰

高职院校实验室具有十分鲜明的管理层次，一般实行学校宏观层面、院系层面以及实验室层面三级管理，特殊情况下也有学校层面、实验室层面集中管理。学校层面负责制定实验室宏观发展政策，进行实验室优势资源整合，建立综合型、全面开放的实验室管理制度。院系以及实验室层面从实验室自身的管理与发展方面进行实验室管理，制定明确的实验室管理政策，集中顶尖的教学与科研人才有效开展实验教学和科研任务，负责制定实验室发展与改革的任务与目标，定期举办大型国内外实验教学学术会议。

二、信息化与规范化管理相结合

随着信息时代的到来，"互联网＋"和大数据广泛应用于高职院校实验室的建设、发展与管理。信息化的日新月异要求高职院校实验室管理与计算机网络化技术紧密结合，实现智能化、信息化和网络化管理相结合。

（一）实现实验室优质资源最大限度的共享

要使高职院校实验室优质资源惠及每一位师生，激发师生的实验热情，提高实验室先进设备的利用效率。

（二）实验室管理水平的全面提升

为满足交叉学科对实验室发展的需求，通过信息化和规范化管理平台让全校师生共同了解实验室的资源占用与共享情况，便于实验室管理者提高设备的管理和利用能力，为实验室的建设与发展提供良策。

三、安全与环保相结合

安全与环保贯穿于实验室管理的始终，备受学校各方关注，需要协同各方力量。第一，创造良好的实验室环境，配备优质的实验设施，安装完善的通风和排气系统；第二，定期进行相关管理人员的安全教育，树立安全管理意识，降低安全事故发生的概率；第三，建立规范化管理制度，责任落实到人，消除一切可能的、潜在的安全隐患。

四、人员专业化与管理透明化

（一）提升实验教学与科研在高职院校教学改革中的重要地位

高职院校实验室是国家整体实验水平的重要组成部分，实验室内部管理人员并非从事简单的开门和关门工作，做好实验教学与科研的辅助工作为大势所趋。高职院校实验室管理人员不仅要熟悉实验领域的研究方向和研究成果，还要不断地了解实验教学与科研的研究情况，参与实验教学、科研与管理，适应实验室的发展所需。

（二）实施透明化的高职院校实验室管理

实验教学在学科发展中的重要地位不断提升，经费投入不断提高，因此经费投入支出的明晰化、透明化管理显得尤为重要。

第四节　高职院校实验室管理的任务、原则与目标

一、高职院校实验室管理的任务

高职院校实验室管理遵循高等教育教学管理的基本原则。按照国家相关政策与实验室相关主管部门的有关计划，运用经济、政治、政策、法规的手段，进行建设、管理、监督与协调，提升高职院校实验室管理人员的素质，全面提升实

室投资利用率，为社会发展和进步培养现代新型人才；利用实验室进行高水平科研项目研究，推动社会主义物质文明、精神文明和生态文明不断发展。

高职院校实验室管理为高等教育发展的必然产物，伴随着社会人才需求的日新月异，高职院校实验教学在高等教育中的作用不断提升，这对高职院校实验室管理工作提出了新的挑战。高职院校实验室除发挥常规作用外，还要求做好高职院校教学服务工作，尤其是作为理论教学的重要补充，做好对理论与实践融合的现代创新型人才的培养。

二、高职院校实验室管理的原则

高等学校的教育教学离不开高职院校实验教学，更离不开高职院校实验教学的创新管理。全体学生和实验教师必须严格按照行为准则进行各种实验活动，为此高职院校实验室管理需遵循以下原则。

（一）目标性原则

高等学校是培养优秀人才的摇篮，是先进科技成果的发源地，实验教学是高职院校实验教学的重要组成部分，所以实验室管理在高职院校人才培养中的作用至关重要，各子系统之间的目标必须与人才培养的总体目标相吻合，实现实验室优化管理，提高毕业生的综合素质。

（二）整体性原则

为实现高等教育规划的总体目标，做好五年中长期高等教育发展规划，高职院校实验教学在遵循高等教育教学的基础上，要做好实验室的建设与创新管理工作。既要遵循高等教育办学的基本方针，还要根据各高职院校的特色制定各高职院校实验室的管理方案，总结前期不足，立足现有发展，规划未来目标。

（三）创新性原则

由传统单一的、粗放的、封闭的实验室管理向开放的、综合的、高效的、集约的模式转变成为当前高职院校实验室改革的基本方向。为此，高职院校实验室本着有利于钱财物统一合理配置，提升实验设备的利用效率，培养学生的开拓进取和创新精神的基本原则进行改革，为学生创新提供场所，为教师科研提供基地。

（四）效益性原则

高职院校实验室管理既要体现其显性效果，又要体现其隐性效果；既要实现经济效益价值，又要体现社会效益价值；既要发挥其常规实验教学的功能，又要发挥其拓展功能，为实验教师和学生提供实验实践和科研场所。通过实验室的高效和科学管理，将高职院校实验室的最大效益发挥出来。

（五）层次性原则

为提高高职院校实验室管理效率，高职院校实验室制定值班人员职责制度、教学活动管理制度、实验室开放管理制度、设备及低值易耗品管理规定、安全管理规定、卫生管理规定等层次分明的管理制度，明确各职责分工，建立完善的岗位职责管理制度。

三、高职院校实验室管理的目标

（一）投资收益管理方面

当前我国高职院校实验室投资收益尚未与所在单位的利益直接关联，致使高职院校实验室管理呈现干与不干一个样的"大锅饭"现象，严重抑制管理人员的工作积极性，成为当下高职院校实验室投资收益率水平偏低的根源。为改变这一现状，高职院校实验室需建立完善的绩效考核目标，评价实验室耗材贡献率、实验设备完好率与利用率；建立完善的实验室绩效考核制度，将实验室设备利用水平与实验室管理人员的利益水平直接挂钩，有效解决当前实验室设备投资收益偏低的现状。

（二）实验教学管理方面

实验教学管理目标成为高职院校实验室管理的首要任务，通过实验教学提高学生的动手能力和实践能力。通过应用先进的实验教学方法，提升实验教学水平，开拓实验教学思路，培养学生积极动手、主动参与的实践能力，实现教学与科研同步提升、教学质量与学生综合素质同步提升的发展目标。

（三）实验队伍管理方面

实验教师队伍素质的高低成为实验室管理目标实现与否的关键。高职院校实验室以民主、科学与激励相结合为管理制度指南，其核心为高度重视实验室人员在实验室管理方面的重要作用，有效解决实验室工作人员消极怠工的现状，促成实验室管理人员沿着个体发展目标全身心投入实验教学与管理之中，实现实验室持续健康发展。

第五节　高职院校实验室队伍建设与策略

实验室是高职院校进行实验教学、人才培养、学科建设、科学研究、知识创新和社会服务的重要基地。高职院校实验室建设与管理的状况是反映其教学水平、科研水平、管理水平的一个重要标志。高职学生实践能力的提高、创新人才的培养都与实验室建设密切相关。许多学校投入大量财力、物力改善实验条件，充实更新实验设备，但建设实验室，关键在于建设实验技术队伍。直接参与实验教学、实验管理和科研管理工作等关键环节的实验技术人员，其自身素质的高低将直接影响实验室的整体水平、人才培养和科研活动的开展等。因此，建立一支素质优良、结构合理、思想稳定、学术技术水平较高的实验技术队伍是提高实验教学质量、开展科学研究、搞好实验室建设与管理的重要保证。

一、实验室队伍的现状及不足之处

（一）实验技术队伍整体水平不高

在人们的观念中实验室的工作无足轻重，实验室工作人员一直被看作教学辅助人员，认为他们的工作只是协助教师完成实验，于是将实验室队伍建设摆在了次要的地位的工作。忽视了实验室队伍在教学和科研中的作用，因此，实验技术人员配备得不到重视，成为安排照顾、分流人员的去处。高层次人才寥寥无几，难以满足技术水平越来越高的实验教学需要。学校只加强了实验室硬件投入，购置了大批高精尖实验仪器设备却忽视了对实验技术人员的培训，造成了实验室队伍整体水平偏低，使一些仪器设备成了摆设，或一些精密仪器的功能不能充分发挥，降低了投资效益。

（二）待遇低，队伍不稳定

在进修、培训、外出交流等方面，学校只重视教师、科研人员，实验技术人员则很少有机会参与。在职称评聘方面，实验技术的专业技术职称只能到高级实验师(副高)，在福利待遇、工作量核定等方面也明显低于教师，致使一部分实验技术人员认为实验室工作低人一等，无名无利，看不到发展前途，进而产生自卑感，工作热情下降，积极性难以调动。不少实验人员在取得高学历后会要求转做教师，刚毕业的大学生也不愿到实验室工作，导致实验技术队伍不稳定。

(三)实验室队伍人才梯度结构不合理

实验室队伍的学历、年龄、职称、专业结构不合理等问题十分突出：个别学校的专兼职实验技术人员数量少，学历不高，且年龄较大，因此出现青黄不接、队伍断层的现象，新生力量不足导致人员结构失调；高水平实验技术人员引进不够，人才短缺，整体水平和数量与现代高等教育要求不符，一专多能的人较少，仪器维修人员缺乏等。

(四)科研能力较弱

最近几年，各高职院校连续扩招，招生规模逐年扩大，但实验室队伍进人很少，工作量大、任务繁重加上超负荷的运转使现有的实验室人员压力很大。实验技术人员每天忙于实验准备、实验教学、仪器设备维修、实验室管理和建设等工作，再加上自身综合素质不高，很少有科研创新和科研成果。

(五)考核体制不合理

由于专业不同，各实验室工作量和任务存在很大差别，但很多学校的实验室还存在"大锅饭"现象，人员忙闲不均，干多干少一个样，缺乏激励机制。考核流于形式，不能反映工作量的大小和工作质量。实验室人员既要负责实验教学、实验准备，又要负责设备维修、实验室日常管理，实验员的工作繁杂琐碎、辛苦，工作量大，一身多责。而这些付出如果得不到应有的回报，就挫伤了实验室工作人员的工作积极性。

(六)实验技术队伍培养工作缺乏规划和措施

实验技术人员很少得到较系统的关于本专业实验技术方面的培训。在学科建设和人员培训上缺少长远规划，忽视实验技术骨干力量的培养，在一定程度上影响了实验技术人员素质和能力的提高，实验技术人员队伍总体上已不能适应高职院校快速发展的步伐,成为学校发展和人才培养的薄弱环节。目前理论水平高、技术精湛的高素质人才匮乏成为实验室建设的瓶颈。没有高水平的实验室,就不可能有高水平的实验教学,也不可能产生高新科研成果,更难培养出高水平人才。

二、加强实验室队伍建设的重要意义

高职院校是培养创新型人才的重要基地,要培养创新型人才,必须有一支具有创新能力和创新精神的实验技术队伍。实验技术队伍是学校进行教学和科研的第一线力量。要提高实验室的水平和工作效率,关键在于提高实验室队伍的整体综合素质。厚基础,宽口径,淡化专业界限是高职院校今后改革的方向。随着专业面的拓宽,实验人员会出现知识缺口,需要实验人员不断拓宽知识面,提升业务技能,成为一专多能的教师。新的形势要求实验室人员不仅要有扎实的理论知识,而且要有精湛的实验技术水平,在综合研究性实验设计、实验教学创新、培养学生分析问题和解决问题方面发挥更大的作用。先进的设备需要较高的专业技术知识,实验人员要能熟练操作、维护和维修一些先进的实验设备仪器。实验室水平的高低,不仅要看先进仪器设备等硬件,更重要的是拥有一支思想作风好、业务水平高、具有创新能力的实验教学队伍。因此,加强高职院校实验室队伍建设,解决好实验室队伍建设中存在的问题是当前一项重要工作。

三、加强实验室队伍建设的策略

(一)提升思想道德教育,增强人员敬业精神

实验技术人员要爱岗敬业,具有奉献精神,要有良好的职业道德和服务意识,还要有科学严谨的工作态度和认真细致的工作作风,如对分析仪器的测试、电子显微镜的使用、对取材部位和时间的准确把握、微生物实验中的消毒接种培养等要求很高,必须认真对待,要有严谨的、实事求是的科学态度。

(二)实验室队伍人员待遇合理化

实验教学和理论教学是相辅相成的,对实验室的技术人员应和教师一视同仁,在政策上要完善职称评聘,增加实验技术队伍的编制数。职务评聘是高职院校师资工作的杠杆,对师资队伍建设起到了重要作用。完善职称评聘工作,可以

充分调动实验技术人员的积极性。在职称评定中打破系列界限，可以为实验技术人员开辟更广阔的发展空间。在岗位聘任、职称评定时对实践能力较强、工作业绩突出的人员在政策上予以倾斜，使他们享受到应有的待遇，鼓励实验人员撰写论文并给予适当奖励，在学校聘任中明确规定实验人员必须发表实验教改论文，不仅能对实验教学产生极大影响，而且能提高实验室队伍的整体素质。对实验教学改革或科研方面有突出贡献的应重奖，营造浓厚的积极向上的科研氛围；对实验技术岗位单独核定津贴额度，提高实验技术人员的待遇。由于实验室性质和功能不同，实验室技术人员存在工作量不均衡的问题，要做适当补贴。

（三）制定合理的实验室队伍建设规划

要提出实验技术人员建设目标，根据实验技术人员结构比例，合理配置人才资源，制订人员补充计划。加大引进高素质人才的力度，充实实验技术队伍，合理定编，形成高中初级职称比例合理的层次结构，逐步调整人员，将学历层次高、基础理论扎实、有一定专业技术能力的人员充实到实验室队伍中。实验室主任必须是一个业务水平高、治学严谨、具有创新学术思想和较强管理能力的人，有丰富的实验教学和实践经验，负责实验室建设的宏观管理，把学科建设与实验室发展规划结合在一起。培养实验技术骨干，提高实验教学质量。通过市场导向，寻找研发课题，并以科技新成果、新技术创新实验手段，最大限度地发挥设备的经济效益，使实验室真正集教学科研、技术开发为一体，用科研、技术开发成果发展实验室，综合利用高层次人才的潜力，带动实验技术队伍整体水平的提高。

（四）开展多种渠道，提高实验室队伍综合素质

随着现代科学技术的快速发展，实验技术和仪器设备更新加快，相关理论和技术也日趋复杂，给实验技术队伍带来了更新更高的挑战。实验技术人员的知识结构要从单一化向多元化转化需要做到如下几个方面。第一，除了了解本学科的专业知识和国际上本学科实验发展动态，还要熟悉相关学科知识。第二，通过建立科学有效的培养培训制度，使实验技术队伍的知识、技术不断得到提高。第三，应多给他们外出学习、交流、考察、研讨的机会，邀请相关的专家进行学术讲座，从多方面提高实验技术人员素质，拓展思路，开阔知识视野。第四，及时了解外界科研动态、实验室信息，及时获得实验室建设经验与最新研究成果，不

断充实自己，提高科研工作能力和教学质量。第五，在业务培训方面，要将长期培养和短期培训相结合，在购买新的大型实验仪器设备时，应先派实验人员到厂家学习仪器的使用、维修和维护。第六，要逐步提高实验技术人员的学历层次，有计划地选派人员到高等院校进修或鼓励其在职学习，鼓励他们积极参加实验教学研究工作。只有通过系统的理论学习、科研课题的研究、学术论文的撰写，才能在专业理论知识方面得到提高。应加强专业知识的业务学习，强调终身学习的理念，不断更新丰富知识体系，为教学科研创造一个良好的环境。实验人员参与科研项目，教学与科研相结合，及时将最新的科研成果转化到实验教学中，了解学科的前沿及发展动态，促进实验教学改革。

（五）强化岗位聘任，建立灵活的用人机制

根据现有学生规模、学术力量、技术水平、实验设备等情况，按照教学计划任务、仪器设备管理、实验室建设和管理任务确定实验技术人员编制，同时采取严格的聘任制度，实行岗位能上能下、人员能进能出制度。实验室不但要有实验技术系列，还要有教学系列、工程系列、研究系列技术人员，并且比例适当，结构合理，保证专职实验教师队伍达到教师队伍的10%以上。适当增加流动编制岗位，实行固定编制和流动编制相结合的人员管理办法，吸引一批具有丰富教学经验和科研能力的高水平的老师和工程技术人员到实验室工作，从而更好地促进实验教学改革和学科建设，增强实验技术队伍建设活力。将技术职务聘任和技术岗位聘任结合起来，淡化身份，强化岗位。以岗位定酬，做到责权利统一。实行公开竞聘上岗，严格考核。通过完善实验室人员的考核制度，逐步形成一支由学术带头人或高水平教授负责，热爱实验技术，学术水平与教学水平、高教学科研能力强、实践经验丰富、结构合理、勇于创新的实验技术队伍。

（六）设立专项经费，鼓励实验室人员积极参与实验技术的开发

实验技术人员要勇于创新，敢于创新，才能培养高素质的人才；以自己教学和科研中的创造性工作影响和启迪学生，通过科学研究去探索、创造新知识，掌握学科前沿的最新动态，积极编写实验教材、讲义、计划书。

鼓励实验技术人员到相应的行业调研，使实验教学、仪器设备的更新适应社会发展的需要。鼓励实验技术人员围绕实验教学、实验方法、实验仪器研制、实验技术改进、大型仪器设备功能再开发、实验室建设等方面开展专项研究。鼓励

教师和实验技术人员开设综合性、设计性、创新性实验，切实提高自身技术水平，促进实验室建设和教学质量的不断提高。

（七）制定科学、完善的实验技术队伍考核措施

制定详细的实验技术岗位工作任务和考核指标，考核以业绩和成果为主，并与技术水平、业务能力相结合，考核结果作为晋升、评聘选拔干部的重要依据。制定实验工作人员岗位责任管理条例、实验教学管理条例、实验安全条例等，使实验室管理和实验教学真正能够科学高效。加强实验教学工作的考核，定期检查总结实验教学工作，开展评比活动，表彰在实验教学、实验室建设和管理中业绩突出的先进集体和个人。设立实验技术成果奖，调动实验技术人员开展技术创新的积极性。对违章失职或工作不负责任造成重大教学事故者，要提出批评教育或行政处分，同时给予一定经济处罚。在实验室长期工作的教师、实验技术人员在提职晋级时，应将他们掌握的实验基本理论、测试技能、科研能力和实验室工作中的具体贡献作为主要考核内容，对考核不称职的人员可考虑转岗。

实验室队伍是学校实验教学、科学研究、技术开发、服务社会和实验室管理等方面的基本技术力量。我们要造就一支具有现代教育教学理念、掌握先进实验教学方法、具有高度的责任感和事业心的实验教师队伍，一支能吃苦耐劳、勇于创新，既有坚实的理论基础又有很强的动手能力，结构合理的实验室队伍，为社会培养出创新型复合型的高素质人才做出应有的贡献。

第三章

高职院校实验室管理内容

第一节 高职院校实验室仪器设备管理

一、实验室仪器设备管理制度

实验室是高职院校仪器设备最为集中的地方，是高等学校实施学生培养、教学科研和社会服务的重要物质基础和条件保障，是展示高职院校办学规模和硬件实力的重要指标之一。随着国家科教兴国战略的逐步推进，我国高等学校实验室仪器设备的购置经费获得了世界银行贷款、"211工程"、"985工程"、"双一流"、重点实验室科研费、各种科研项目、横纵向课题的大力支持，高职院校实验室仪器设备的数量、质量都有了大幅度的提升。

国家制定高等学校仪器设备管理制度，各个高职院校也在国家制度的框架下，结合自身的情况，制定了自己学校的仪器设备管理制度。纵观各个高职院校的规章制度，基本上都是在实践和探索的基础上，借鉴了企业管理领域著名的"流程管理"思想和"全生命周期管理"理念，并在"互联网＋"的信息化推动下，形成了从项目立项论证、购置论证、招标采购、设备验收、登记入库、使用监督、效益评价到残值处置的仪器设备全生命周期的管理模式，这种模式能够有效地促进高等学校仪器设备管理的规范标准，提高仪器设备使用效率，同时解决高职院校仪器设备快速增长带来的管理问题。

目前，国内高职院校都有专门的管理部门对实验室仪器设备代表学校进行归口管理，根据职能的划分不同，大致存在资产与实验室管理处、实验室及设备管理处、资产管理处、装备处等不同职能部门。绝大多数高职院校都有自己学校的仪器设备管理制度和办法，内容包括总则、组织管理、预算管理、采购管理、财务管理、验收管理、处置管理、监督管理等几大块。

高职院校的仪器设备管理制度的架构基本类似，不同的条款和细节根据学校实际情况制定。仪器设备是国有资产，必须按照国家和教育部关于国有资产管理的相关制度执行；同时仪器设备又是教学、科研的重要资源，要充分发挥仪器设备的作用，从人才培养出发，服务教学，服务科研，这就需要仪器设备的管理工作者因地制宜，不断完善仪器设备的管理规定。对于实验室来说，学校的仪器设备管理办法是上位法则，学校可以根据上层领导部门的规定制定自己的管理办法，实验室工作者也可以在学校仪器设备的管理框架下制定适合自己实验室的管理办法。个别高职院校为了实现更加精细化的管理，会对仪器设备管理中的某一个方面单独进行管理制度的制定，如采购、验收、处置等环节。

二、实验室仪器设备管理流程

随着高职院校仪器设备数量和品类的不断扩充，以及信息化技术的全面引入，目前国内绝大部分的高等院校在实验室仪器设备管理上采用的都是"流程化管理"和"全生命周期管理"的理念和方法。

流程化管理源于18世纪亚当·史密斯(Adam Smith)的"劳动分工原理"和19世纪弗雷德里克·泰勒(Frdick Taylor)的"制度化管理理论"，随着企业实际管理模式和管理理念的不断发展，到了20世纪后期，企业家们发现"分工原理"和"制度化管理理论"在企业实际管理应用中，会造成组织机构过于庞大，部门分工过分细化，在整个流程化的管理中容易出现工作断接、协调沟通烦琐、员工业务知识单调等诸多问题。在这样的背景下，美国麻省理工学院教授迈克尔·哈默(Michael Hammer)提出了"业务流程管理理论"，给管理工作注入了新鲜的动力，让企业管理者们耳目一新。"流程管理"以核心业务流为中心，是一种"端对端"的规范化管理模式下的系统方法，管理目标就是要持续不断地提高企业组织业绩效益。

"全生命周期管理"是通过实时化的动态监管来完成对管理对象的全过程管理行为的。"全生命周期管理"源于20世纪80年代美国国防部的一项战略计划，应用到企业里表现为对产品的需求设计、质量监督、生产销售、使用管理、回收处置等所有环节的过程管理。这种管理方式能够帮助企业减少生产成本，提高生产效率，帮助企业获得利润最大化。

随着"流程管理"与"全生命周期管理"的研究和发展，这两种理念和方法广泛应用于企业生产中，并逐步向企业组织管理、行政管理中延伸。高职院校仪器设备管理引入"流程管理"和"全生命周期管理"的理念，并与互联网、信息化技术手段相结合，能够优化仪器设备的日常管理工作，提高仪器设备管理的效率，促进仪器设备的精细化管理，从而更好地实现仪器设备资产的调配，发挥仪器设备的作用，充分服务于高职院校的科研教学工作。

(一)国内高职院校实验室仪器设备管理流程

国内高职院校在仪器设备实际管理过程中，不断地探索，不断地接受"流程管理"和"全生命周期管理"的理念,经过多年实践,逐步形成了从仪器设备购置入账到处置销账的"全生命周期管理"体系,为每台建账仪器设备建立了生命周期档案。在信息化时代,"互联网+"技术的推动下,搭建了各类的实验室仪器设备管理平台,有采购平台、开放共享平台、资产账务平台等,最大限度地将仪器设备全生命周期的流程管理与互联网信息化技术结合起来,有效解决了仪器设备数量、质量增加带来的管理问题,如设备运行状态情况实时掌握、管理人员数量和水平的不充分发展以及仪器设备的资源共享等方面的问题。

(二)国外高职院校实验室仪器设备使用管理流程

国外高等教育发展先于我国,随着时间的推移及各种技术的运用,其实验室管理流程更加先进且开放程度更高,在实验室仪器设备管理上更是拥有一套完整的管理流程体系。各个国家因为不同的文化背景,产生了不同的管理哲学,主要表现形态有"法""理""情"。其中以"法"为中心的代表国家有美国,讲究的是制度、规则和秩序;以"理"为中心的代表国家有日本,注重集体利益,善于总结,取长补短;以"情"为中心的代表国家有中国,在坚持以人为本的管理原则的基础上,合理调动员工的主观能动性,从而激发员工的内在潜力。不同的管理哲学和管理风格促成了不同国家各色的实验室仪器设备管理制度。国外更加注重仪器设备的使用和维护,仪器设备采用教授负责制,教授需要对拟购仪器设备落实经费,实施管理,所有仪器设备的考核结果都会纳入对教授的考核体系中。在国外,最突出的就是各种实验室科研仪器设备和实验室大型仪器设备的一些管理流程,以下是我们分别对不同国家仪器设备使用管理流程做的阐述,帮助大家更直观地了解国外实验室仪器设备使用管理流程的情况。

第一,英国高职院校实验室仪器设备的管理模式。英国高职院校实验室充分利用物联网、互联网等信息化技术,如门禁、网络平台预约等,形成了开放程度极大的管理模式,教师、科研人员、学生可以通过各种认证随时进入实验室参与实验和测试。高职院校实验室的开放环境也使得实验室中的仪器设备使用效率大幅提高。

充分利用门禁:在校学生及研究人员需要办理一张校园卡,进入校园之后,根据不同人(在校师生或研究人员)的身份授予不同的门禁权限,校园卡可用于任何时候进出学院或充值费用以供日常使用,同时可以在图书馆借书、打印资料、扫描和复印等。二级学院可以通过对校园卡附加门禁密码,控制学院内部实验室

第三章 高职院校实验室管理内容

的出入，一般是根据实验室的功能以及课题组、项目组的研究方向设置独立密码。一部分独立实验室会安装密码锁，只有符合实验室准入条件的人员才能进入。公共服务的实验室，如电镜室、显微镜室、X射线衍射室均会设置有专人负责门禁的准入密码管理，符合条件的人员可自由出入，只要是实验室开放时间，即便是非工作时间也能自由出入，极大地方便了在校师生、科研工作者以及获得批准的人员获取科创活动需要的实验室条件支持。

网上平台预约：英国高职院校建有一种资产统筹管理平台，用户可以在平台查找校内不同日期的各种研究资源，实验室仪器设备也属于其中的一种资源形式。平台注重人性化设计，具有较高的用户使用体验度，通过收集用户检索资源信息和检索信息频率定制登录界面，每次登录可以直接显示需求的实验室和实验仪器设备的预约情况，方便快捷。

第二，美国高职院校仪器设备共享的管理。美国作为全球第一经济体，其大学的科研实力也非常雄厚，高职院校实验室所有仪器、设备的管理规范、严谨，共享的程度非常高。以安娜堡密歇根大学为例，下文内容介绍了其生命科学与化学相关实验室的仪器、设备账号管理、自主使用、预约登记、师生使用、培训，仪器的日常维护、保养、维修等方面的管理方式，同时对软件控制系统的建立、新生培训教育、维护维修、有效的监管体制等方面进行了大致介绍。

美国高职院校是国家科研工作者的重要研究基地，同时也是培养高级专业研究人才的重要场所，而美国安娜堡密歇根大学（University of Michigan）是美国国内最著名的几大公立学校之一。安娜堡密歇根大学是教学研究型的高职院校，其中化学系、生科院的科研实力非常强大，实验室的仪器、设备管理规范、严格，其共享程度也很高。

安娜堡密歇根大学在校的所有教师、来访问的学者、本科生、硕士、博士和博士后都有一个与自己的大学邮箱直接相关联的账号，而且是唯一的身份信息认证工具，其科研项目需要用到的所有仪器、设备都有专门对应的专业技术人员来负责对其进行相关的使用培训，培训合格后，对应的专业技术人员才会到这台仪器上来建立合格用户的账户以供后续使用，并将账户信息直接关联在该人员所属的在校导师。在后续的研究项目中，研究人员每一次使用对应仪器时，都必须先通过自己的账号和密码才能正常进入仪器和设备的操作系统，且使用完毕后需主动退出，而使用的时间则按照进入到退出仪器、设备操作系统的实际应用时间来计算，可以精确到分、秒。每台仪器、设备基本都是收费的，但收费标准不一样，基本都是通过实际使用时间来直接关联的，并在使用完毕后由所属的在校导师来统一付费。所以导师对每一位使用者都会特别叮嘱，一定要熟练、快速且高效地使用接触到的每一台仪器、设备，尤其是使用价格昂贵的核磁共振和质谱仪。核磁共振仪器扫描的时间很长，研究人员一旦进入核磁共振仪器室，就必须尽可能紧张而快速地登录核磁共振仪器并且放好早已经准备好的需要扫描的核磁管样品，然后进行扫描活动，扫描一结束则马上退出核磁共振仪的操作系统，然后再到另外的电脑上来进行图谱的分析与处理，这种方法可以节省很多仪器的使用时间。这种仪器、设备的管理模式是很值得我们学习的，因为使用仪器、设备的系统软件先进、可靠，就直接解决了使用收费、使用时间、使用效率以及使用过程中仪器、设备损坏的责任者查证等一系列国内高职院校碰到的疑难问题。

实验室的专业技术工作人员是高职院校仪器、设备正常运转的关键性因素，先进的仪器、设备需要有对应的高水平科研人员和实验技术人员来开发、使用、维护和日常管理。安娜堡密歇根大学的化学测试中心实验室技术人员不算多，但要同时负责二十多台仪器、设备，其主要按照仪器、设备的类别来设置维护、管理人员。例如，化学类仪器里最常用到的质谱仪器，质谱仪器可以提供普通的电飞行质谱、分子量扫描、气质联用、高分辨质谱等，离子源也非常丰富，同时还可以对空气中的敏感化合物及气体样品等进行相关测试。这里主要设置了两位实验室专业技术人员负责以上提及的质谱仪器，也包括了对校内所有用户的账户管理、使用培训、设备与仪器的保养和维护，以及对外部需求的分析、测试等服务。

总之，仪器、设备的专业实验人员会按照仪器、设备的使用贵重程度、使用难易、仪器的工作量等综合因素来设置对应的专业技术人员。所配备的专业技术人员学历普遍较高，且对仪器、设备都很熟悉，能独立而全面地负责仪器、设备的日常培训、维护、使用、维修与管理等细致入微的工作，并给需要使用仪器、设备的师生、研究人员提供系统全面的技术层面支持，其中单是用户培训这一项，就占用了专业技术工作人员大部分的工作时间。

在仪器、设备维护方面，仪器、设备无论在使用中还是使用前后发现问题，基本上都会有专业的技术人员来负责维护、修缮，而专业技术人员的收入水平往往得到认可，所以他们的工作态度非常积极认真，责任心也很强。另外，维修仪器、设备配件的费用则一般由使用者的导师从科研经费里出一部分，或者导师的科研经费和学校各出一部分，相应地，也有严格的财务制度。这样一来，仪器、设备的维护就得到了双重支撑,所以仪器、设备的维修与维护都非常地及时、有效,保证了在校师生、研究者及外来科研工作者的正常使用。

第三,日本高职院校实验仪器管理。日本高职院校会设置仪器设备管理部门,对实验仪器设备按照资产管理要求进行监督管理。仪器设备具体使用部门对仪器设备,尤其是大型精密贵重仪器设备做具体管理,负主要责任。部门配备了专业的技术人员和管理负责人员,专业技术人员必须具备专业背景,熟悉仪器设备的运行原理,负责对各种仪器设备进行维护保养。仪器设备的管理负责人员要熟悉仪器设备的操作使用流程,对于大型精密贵重仪器设备,仪器设备管理人员就是该设备的实验教学工作者,负责设备使用的准入培训、考核、日常管理、周期性检查、仪器设备校对等工作。

如果对于日本进口的仪器设备进行过专业维修,就会发现只要不是质保范围内的,人员费用、配件费用都非常昂贵。在日本当地也是如此,所以日本高职院校非常注重防范各种实验室仪器设备操作事故的发生,注重实验室仪器设备的使用安全教育,所有实验仪器设备都制定了防震固定措施以及使用操作手册,具备一整套应对突发紧急事故管理机制,定期开展仪器设备安全教育讲座,传播和梳理实验安全防范意识。基础类的实验中心也有属于自己的一些仪器设备管理方法,定期开展一些仪器设备研讨会,交流和学习世界各国高职院校中更好的仪器设备管理理念和措施,对新进入实验室使用仪器设备的教师、学生、科研工作者进行实验室仪器设备使用安全讲座、应急措施培训,以便进入实验室的相关人员在使用仪器设备的过程中,能够在发生任何意外时都能正确、快速地应对或及时反馈,最大化控制事故发生,减少损失。

由此不难看出,国外大学在实验室仪器设备的组织管理、各类实验平台的建设、仪器设备安全使用教育上都积累了诸多宝贵经验和措施,构成了从资源查找、预约使用、实验室准入、操作上机以及场地资源共享的体系化管理流程。

三、实验室仪器设备管理措施

仪器设备管理措施大多基于流程管理的理念,建立起一套完善的仪器设备管理规章制度,能够实现仪器设备日常管理工作流程的规范化、仪器设备管理岗位责任的明确化、仪器设备管理方式的科学化。除了遵守国家、教育部制定的各项规章制度,国内高职院校应该因地制宜,认真梳理本校仪器设备管理的各个环节,持续提高仪器设备信息化管理水平,制定对应的规章制度与实施细则,建设具有专业素质的仪器设备管理人才队伍，促进实现仪器设备全生命周期的流程管理。下面是西南交通大学仪器设备管理的措施介绍。

（一）实验室仪器设备管理组织职能

学校在仪器设备纳入国有资产使用管理工作中，设置了专门的资产管理职能部门，部门下设置独立的仪器设备管理科室。全校设备管理按照"统一领导、分级负责、责任到人"的管理机制，实行校、院（中心、部、处）等二级管理。学校二级管理部门的主要职责是：①贯彻执行国家有关设备管理法律法规和政策，根据教育部设备管理有关规定，制定学校设备管理办法；②负责组织学校教学仪器设备配置计划制定，组织实施设备招标采购工作；③负责组织学校设备清查盘点、设备信息统计及设备资产监管工作；④负责学校设备管理信息化建设，负责学校设备资产台账管理；⑤负责学校设备资产处置事项，按规定权限审核、审批、报备设备资产处置事项；⑥负责学校贵重仪器设备开放共享使用管理工作；⑦负责学校设备资产管理的绩效考核工作。

学院（中心、部、处）等二级单位负责对本单位占用、使用的设备具体管理工作。主要职责是：①根据国家及学校设备管理有关规定，制定本单位设备管理具体办法并组织实施；②负责本单位设备配置计划、采购方案、到货验收、入账、保管、使用、清查盘点等日常管理工作；③负责存量设备的日常维护保养、运行使用、开发利用及贵重仪器设备的开放共享工作；④建章立制，依法治校下全面推进资产管理。

学校高度重视仪器管理制度的建设，重点以"共享、监管、核算、质量"为抓手，全面推进仪器设备全生命周期监管、全成本核算、全资源开放共享和全面质量把控，积极开展调研并结合实际加紧建设和完善各类资产信息管理系统。

（二）实验室合理配置和管理措施

学校仪器设备配置应当符合现有设备无法满足学校事业发展的需要、现有设备难以与其他单位共享或共用相关设备、现有仪器设备难以通过市场购买服务方式实现、采取市场购买服务方式成本过高等要求。仪器设备配置应当符合国家规定的配置标准；国家没有规定配置标准的，应当加强论证，从严控制，合理配置。二级单位应根据本单位工作任务和发展需求，以设备存量为依据，按经费来源分别向项目管理部门提出配置申请，设备配置申请纳入学校预算管理。项目管理部门应对各单位提出的设备配置申请组织专家论证，申请配置贵重仪器设备的，应在组织项目论证的同时进行配置贵重仪器设备的必要性和可行性论证，论证报告应包括该设备的主要功能、用途、应用学科和购置的必要性、选型理由、优选制造商、预算金额、经费来源、人员配备、安装要求、预期效益等。

仪器设备采购纳入学校招标采购统一管理，按照政府采购管理的有关规定执行。设备需求单位在设备购置资金到位、贵重仪器设备论证通过、安放场地及环境落实等采购条件具备后，方可实施招标采购。

（三）实验室仪器设备验收入账措施

仪器设备到货后，按照合同金额及所在地分类组织验收。合同金额在人民币40万元（不含）以下的，使用单位自行组织验收。合同金额在人民币40万元（含）以上的，使用单位进行预验收后，学校管理部门组织使用单位、技术专家组成的验收小组实施验收。合同金额在人民币200万元（含）以上的，学校管理部门组织监察处、审计处、计划财务处及技术专家组成的联合验收小组实施验收。验收现场在外地（成都市辖区以外）的，使用单位自行组织验收。

验收内容包含实物验收、技术指标验收和技术资料验收，验收标准以合同为依据。①实物验收：主要是对所购设备开箱清点，检查产品名称、规格型号、数量等是否与合同一致。②技术指标验收：主要是对各项技术性能指标进行实测，核验性能指标是否达到合同的要求。③技术资料验收：主要是看设备随机资料是否相符、齐全。④进口设备的验收，要严格按照海关关于进口设备的有关规定，在索赔期（货到港90天内）完成。验收中如发现不符合要求的产品，必须做好现场记录，及时与供应商交涉，提出双方认可的处理方案并向学校管理部门书面备案。验收不合格的设备，应退货、换货或由供应商派人检修后再次进行验收。验收合格的设备，应在5个工作日内办理固定资产入账手续。入账手续分为实物账和价值账。经办人携带设备验收报告先到学校管理部门办理设备实物账入账登记，领取设备标签并粘贴在对应设备明显位置，再到计划财务处办理报销及设备价值账入账手续。

（四）实验室仪器设备使用管理措施

二级单位对本单位各种方式配备的设备统筹使用，充分发挥设备在教学、科研、管理工作中的作用。贵重仪器设备应纳入学校贵重仪器设备开放共享平台，供校内外共享使用。设备保管人是设备保管、使用的责任人，应妥善保管设备相关资料，做好设备的日常维护与安全防范工作，保持设备性能完好。设备使用人应熟悉所用设备的原理、构造、性能和操作方法，严格按照操作规程进行操作；使用贵重仪器设备，必须进行技术培训，经技术考核合格后方可操作。设备闲置不用时，先在本单位内调剂共享使用；如本单位不再使用，应报学校管理部门，学校管理部门在设备共享信息平台上发布信息，在全校范围内调剂使用。校内单位之间短期借用设备，应双方协商，约定借用时间，完善借用手续，并向学校管理部门书面报备。借用时间超过一年的，应到学校管理部门办理调拨手续。进口设备在海关规定监管期内不得外借。设备被盗、丢失、受损等异常情况发生时，使用人和保管人要及时报案、报备。各单位不得将占用、使用的设备作为抵押物对外抵押或担保，不得为任何单位或个人的经济活动提供担保。

定期进行仪器设备的清查盘点。仪器设备管理部门每年组织设备固定资产清查盘点工作，制订设备清查盘点工作方案，对二级单位的设备清查盘点工作进行检查、监督、指导，保证设备"账卡、账实相符"。二级单位在每年年初进行本单位设备固定资产自查，对截至上一年末的设备固定资产全面清查盘点。各二级单位应成立清查盘点工作小组，单位领导任组长并负责组织本单位的设备清查盘点工作；设备秘书、实验室主任等具体组织实施。设备清查盘点采取由账到物、由物到账双向核对的方式进行，重点核查账物相符和设备标签粘贴情况。对清查盘点中发现的问题，各单位应查明原因并进行整改。清查盘点结束后，应向学校管理部门提交清查盘点工作报告。学校管理部门在二级单位清查盘点的基础上，组织对二级单位的清查盘点结果进行抽查审核，根据清查盘点和审核结果进行数据汇总、统计，形成全校年度设备清查盘点审核报告。

（五）实验室仪器设备的处置回收

仪器设备超过最低使用年限且不能使用的，可申请报废。最低使用年限按国家有关规定执行。超过最低使用年限但尚可继续使用的设备，应当继续使用，以充分发挥设备的使用效益。

设备报废的工作流程为：①设备使用单位填写设备报废申请表；②学校管理部门进行网上公示，公示期间可进行校内调拨；③公示期结束后，设备使用单位须组织具有高级职称的5人（含）以上的鉴定小组对申请报废的设备进行技术鉴定；④设备使用单位向学校管理部门提交设备报废相关资料，使用单位应对提交材料的真实性、有效性、准确性负责，严防设备资产流失现象发生；⑤学校管理部门审核后，将设备报废申请材料报校长办公会审议，审议通过后，报教育部备案、审批或审核；⑥设备报废审批通过后，使用单位应将已报废设备送交学校管理部门设备库房，学校管理部门统一按规定进行处置。不易搬运的报废设备可申请现场处理。

已报废、报损设备尚有残值的，学校管理部门统一进行残值处理。残值处理遵循"公开、公正、公平"的原则，除国家另有规定外，必须以拍卖或公开竞价的方式进行。残值处理收入交学校计划财务处。

四、实验室仪器设备管理考核

仪器设备考核主要是学校管理部门从设备完好率、利用率、对教学科研支撑保障效果等方面对单位的设备使用效益进行年度考核，考核结果纳入单位年终考核结果，并作为下一年度仪器设备配置的重要依据。下面对西南交通大学大型仪器设备考核做简单介绍。

西南交通大学对大型仪器设备的开放共享情况执行绩效考核制度。依据《西南交通大学大型仪器设备效益考核指标体系》，由大型仪器领导小组组织对全校大型仪器设备进行年度使用效益绩效考评。效益评价工作与学院年度考核、人才年度考核工作相结合。全校大型仪器设备开放共享情况（机时数）按年度呈报校领导，作为后期学校投入的重要依据之一。

学校设立大型仪器设备开放测试基金。该基金主要用于：①共享设备的维护维修补贴；②对校内用户的测试费补贴；③共享工作优秀单位和个人的奖励。

对于大型仪器设备使用效率低、开放效果差、效益考核结果较差的部门，学校将给予警告、公开通报并责令其限期整改；并视情节停止部门申报修缮购置资金、在申报科技计划（专项、基金）项目时不准购置仪器设备。对于通用性强但使用率比较低、开放共享差的大型仪器设备，学校将进行校内无偿划拨或者直接调配。

凡属学校固定资产的大型仪器设备，一律不得带出校外使用，特殊情况需要在校外使用的必须经部门负责人审核同意后，报资产与实验室管理处批准。对私自出租出借或者利用学校大型仪器设备牟取私利、徇私舞弊的，交由监察处查处，并给予问责处理；涉嫌违法的，交由司法部门处理。

第二节　高职院校实验教学管理

高职院校实验室是高职院校实践教学、科学研究、科技开发的重要基地，也是培养各类专门人才的重要场所。加强高职院校的实验室教学与管理，充分利用现有实验室资源，是学校发展的需要，更是社会对高职院校培养应用型人才的必然要求，高职教育的教学特点在于培养技术应用型人才，强调以能力为本位，重视实践能力的培养，因此，强化高职院校实践教学尤为重要。

一、高职院校的教学特征与实践教学现状

（一）高职院校教学特征

高职院校为我国培养了数以百万计的应用型技术人才，为缓解各行各业对专业人才的需求作出了贡献，与普通高等教育和基础教育相比，高职职院的教育又有其独特性。

1. **高职院校培养学生目标和导向**

高职院校以培养技术应用型人才为主要目标，其人才培养目标以就业为导向，走的是产、学、研结合的道路，为生产、建设、管理、服务第一线培养高等技术应用型人才。

2. **高职院校重点强调实践能力**

高职教育强调以能力为本位，重视实践能力的培养，要求输送到社会的学生具备完成职业任务所必需的基本技能，同时具有较强的动手能力和对职业岗位变动的应变能力。

3. **高职院校生源类型复杂，参差不齐**

高职教育的生源类型较为复杂，包括中等职业学校毕业生、普通初中毕业生、普通高中毕业生等，入学起点不同，文化、专业素质都各不相同，不可避免地会面临教学难和考评难的问题，因而注重考评学生的技术、技能水平以及实践能力，是高职教育与其他类型、层次教育的显著区别。

（二）高职院校实践教学现状

近年来，社会对高级技能型人才的需求导致高职院校异军突起，但其实验室

的教学与管理模式普遍存在着实验内容陈旧、与现行需求不相符合、教学内容滞后等问题，多数实验室还采用封闭式管理。现行的管理制度一定程度上限制了实验教学活动的开展，加之近年大规模的院校合并、专业合并、专业增设，出现很多交叉学科、交叉专业和交叉课程，一方面造成了一些常规实验室及仪器设备的重复配置和部分闲置，形成浪费，另一方面有些专业实验室及仪器又相当紧缺，急需通过有效整合来提高实验室资源的利用效率。另外，课程体系的设置也给实验教学和管理带来一定的困难，对实验室人员的队伍提出了新的要求。

二、加强高职院校实验室建设与管理的方式方法

（一）加强实验室的队伍建设

作为高职院校，加强实验室的建设与管理是十分必要的，其中起重要作用的是实验室的队伍建设，高职院校的实验室队伍是学校一支重要的教学力量，这支队伍的素质直接关系到高职院校教育质量和培养目标的实现。因此，建立和管理好一支素质优良、结构合理、相对稳定的实验室队伍是高职院校实验室建设与管理的关键。为此，可以采取培养和引进这一双重模式。第一，通过短期业务培训和与兄弟院校的学习交流，提高其现有人员自身的业务素质和管理能力；第二，鼓励实验教学人员积极参与科研活动，通过实践提高其综合能力；第三，大胆引进具有成功实验室管理经验和过硬实验技术的人才，以缓解实验室对高级人才的迫切需求。

（二）建立完善的实验室管理制度，实施科学化管理

制度建设是搞好实验室管理工作的前提和基础。实验室及设备管理工作具有复杂性、敏感性和特殊性，所以制度建设是实验室教学与管理的关键，即用制度管事，用制度管人。实验室的管理要严格按章管理，在实际工作中，要十分注重制度建设，抓好规范管理，强调贯彻执行。如制定出台有关实验教学、实验室建设、仪器设备采购、学生实验守则、实验室仪器设备管理办法、实验室安全防护、实验室卫生管理等的制度，并通过教学实践中遇到的新情况不断修订和完善，以确保制度的时效性、实用性和可操作性，使实验室的管理走上制度化、规范化轨道。

(三)完善实验室仪器设备的管理制度

实验仪器、设备的日常管理是管理工作中时间跨度最长、工作量最繁杂的环节，是保障仪器设备安全使用并发挥其应有功能，提高投资效率，确保教学科研顺利完成的重要工作。首先要保证仪器设备账物相符，这是仪器设备日常管理的基础性工作，建立仪器设备档案，实行信息化管理，这样既能方便教师随时查阅，保证实验教学、科研的顺利进行，同时也促进了实验室建设和仪器设备的科学化管理。对于由于专业变动、招生人数的变化所引起的部分实验仪器设备的闲置，可通过统一的调配，做到合理流通和资源共享，最大限度地利用现有设备资源，提高仪器设备的使用效率。对于普通化学实验室，涉及各种仪器、器皿、药品及低值耐用品，由于具有数量多、体积小的特点，所以在管理上一定要做好借还登记，对于过了耐用期的，资产保管员要及时做好报废工作。

三、加强高职院校实验室教学的方式方法

(一)从学生实际能力出发，因材施教

实验是教学的重要组成部分，对学生的动手能力培养起着十分关键的作用，因此无论是中学和大学都非常重视实验教学。由于高职教育的生源状况较为复杂，高职学生在知识构建上存在着较大差异，大部分学生缺乏基本的实验动手能力的训练，既不会操作一些基本的实验仪器，也不愿意看仪器说明书，对教师普遍存在着较多的依赖性。因此，在实验教学和设计上，要力求贴近于实践。让学生们学到就能用到，这样做出的实验结果学生们才会更加感兴趣，也更加明确实验的目的，提高他们对科学实验的理解和实验能力，使实验室的教学与管理工作能充分体现高职院校对动手能力的特殊要求。

(二)创新实验教学的方式方法

在实验教学内容上要不断地扩充、完善，以适应高等职业技术教育的需要。仅仅靠课本上最基本的实验满足不了学生今后就业的需求，也违背了高等职业技术教育的方针。在整个教学过程中，要加大实践教学的内容，特别是专业课，可以让学生分组自己进行实验设计和准备，自己动手做试验、观察结果并总结，强化学生的动手能力和独立思考能力。除了常规在实验室必须要完成的实验外，可

以引入诸如多媒体教学等新方法,有利于提高实践教学的趣味性,取得更好的教学效果。

(三)完善实践教学的考核内容

实践教学的考核是确保实践教学质量的重要手段。针对高职教育的特点,可以成立实践教学专家组,对学生的实践教学成绩进行量化考核,同时把实践教学的考核和考取从业资格证书结合起来,这样,可以更好地督促学生不断加强实践环节的学习,从而掌握应有的实践技能,以利于学生更好更快地就业,适应社会的需要。

(四)加强教学实践中安全问题的认知与管理

化学实验普遍具有一定的危险性,因此就化学实验教学中的安全问题,化学实验教师作为实验室管理者,必须具备相应的专业管理水平,才能确保实践教学的安全。安全实验的关键是要按照操作规定进行实验,要求参加实验的学生熟悉操作规定,了解反应规律,不懂要问,不可蛮干。实验一定要按照操作规定进行,化学实验教学涉及许多有毒、易燃、强氧化和强腐蚀性药剂,实验室要采取相应的安全防护设施,实验时如遇不清楚的地方,要向能者请教或查清资料再做,不可贸然行事,同时要求参与实验的每个人熟悉实验室事故的急救方法和处理措施。

实验室教学与管理是高职院校教学的重要环节,肩负为社会培养和输送各种应用性技术人才和科研的双重任务,其运作和管理水平直接影响着学生的综合素质和学校的科研水平,因此,要充分结合高职教育的特点,从有利于提高教学质量和科研水平的角度,从有利于为社会培养实用性人才的角度,通过改革和完善实验室的管理和运行机制,提高其综合水平。

第三节 高职院校实验技术队伍管理

实验室队伍是学校师资队伍的重要组成部分,是实验室建设、资源使用和管理的关键力量。一流的大学必定有高水平的实验室作为基础,高水平的实验室需要一流的实验教师队伍支撑,实验教师队伍素质及管理水平与学校的办学效益和教学科研水平密切相关。拥有一支定位科学、素质高、能力强、结构合理的实验教师队伍，是研究型大学核心能力建设路径中人才结构的基本特征，是当前高职院校实现可持续发展和"双一流"建设必须解决的关键问题。

一、实验室队伍概述

随着国家级与省级教学示范中心建设数量的增加，国家级实验室与各类国家级工程中心的建设以及大型仪器设备的逐年增加，当前的实验教师队伍亦不能满足事业发展需求。没有高水平的实验室为基础，不可能建设高水平研究型大学。要建设高水平的实验室，必须尽快建设一支掌握先进实验教学方法、具有科学管理实验室能力、能够适应一流大学发展需求的高水平实验教师队伍。

实验技术队伍是指在教学实验室、科研实验室、公共测试加工服务平台或学科基地等单位中，从事实验教学与指导、实验室建设与管理以及实验室安全防范、分析测试、仪器设备设施操作与维护、技术支持等工作的人员。

为了适应新形势下实验教学改革发展、创新人才培养的需要，必须加强创新型实验技术队伍的建设。近些年来，高职院校师资与人才队伍建设取得了显著成效，但作为师资队伍中的一部分，实验技术队伍的建设却相对滞后，存在很多问题，成为制约学校教学科研全面发展的瓶颈，无法适应"双一流"建设的发展。

在新时期我国高水平高等学府建设与发展的重要导向和举措下，实验室作为实验教学、科学研究、学科建设、人才培养及社会服务的重要基地，在各方面都发挥着重要的作用，是体现学校综合实力和核心竞争力的要素之一。一流的实验室推动双一流的发展，建设一流的实验室不仅需要优良的硬件设施，更需要一流的实验技术队伍。

实验技术队伍是软实力，建立一支年龄结构、知识结构、学历结构、职称结构更趋科学合理、专兼结合且相对稳定的具有现代教学理念，掌握先进实验教学方法，具有科学管理实验室能力，能够适应一流大学发展需求的高水平实验技术队伍非常重要。

二、实验室队伍存在的问题和不足

高职院校实验技术队伍一直被定义为"教辅"人员。虽然高职院校越来越重视实验技术队伍的建设，但是，当前我国大部分高职院校实验技术队伍的水平与"双一流"的新要求相比还存在较大的差距。

国内高职院校实验技术队伍存在一些共性问题，如实验技术队伍年龄、学历和职称结构不合理，重视程度不够，定位不合理，晋升通道不畅，薪酬待遇偏低，准入标准不严格，激励考核措施不完善，缺乏高素质人才等。

（一）人员结构不合理

通过调研发现，国内高职院校实验技术队伍人员结构不合理，如年龄结构偏大，青黄不接，需补充新生力量；学历层次整体偏低，专业结构不对口；实验技术队伍初、中级职称占比重较大，高级职称人员较少，职称评聘政策需要进行相应的调整；人员分布不均衡，队伍不稳定性仍然存在。

（二）重视程度不够，定位不合理，人员积极性不高

国内高职院校对实验技术队伍的定位基本是"教辅人员"，在各学院的地位也相对较低，一直处于边缘化。实验技术队伍建设没有得到足够的重视，与专任教师多样化的"人才培养计划"和"人才引进项目"相比，实验技术队伍缺乏有力的培养和引进措施。因此，很大一部分人员抱着"当一天和尚撞一天钟"的心理，人员的工作积极性不高。

（三）晋升通道不畅，薪酬待遇偏低，队伍难以稳定

目前，只有少量高职院校开通了实验技术系列正高级职称，大多数高职院校未设置实验技术系列的正高级职称，副高职称已是最高，晋升渠道不畅；高职院校一般仍以理论教学为主，实验技术队伍不能与理论教师同工同酬，薪酬收入相对偏低；职称结构分布不均，以西南交通大学为例，中级及以下职称人员数占比较高，晋升副高以上职称困难。因此，实验技术队伍的转岗分流严重，人员也相对不稳定。

（四）准入标准不严格，激励考核措施不完善，缺乏高素质人才

目前，虽然高职院校已经认识到实验技术队伍建设的重要性，但是在进人方面，还是存在一定的随意性，缺乏严格的准入机制；由于岗位的特殊性，实验准备、实验室安全、实验室日常管理、实验室建设等耗费了大量的时间，实验人员用于科研创新的时间相对较少，很难发表高水平的论文，申请科研项目有很大的难度，然而业绩考核和职称晋升均未考虑实验岗位的具体情况，缺乏有效的激励

机制，导致实验人员无法全身心投入实验教学相关工作；此外，虽然很多高职院校在实验室进人时，要求高学历、高层次，然而由于各方面的原因，实验岗位缺乏吸引力，高学历人才不愿意从事实验室工作，即使进入实验室工作，随后也多会由于无法发展而转入其他岗位。

（五）实验技术队伍素质和能力有待加强

目前，高职院校实验技术队伍素质和业务水平普遍偏低。由于历史原因，很多实验室工作人员是引进重要人才的家属或从管理岗位流转的人员，专业不对口，业务能力和综合素质均较低。这部分人员只能从事简单的实验室日常工作和基本的实验教学辅助工作，无法胜任创新人才培养、实验教学和仪器设备开发等工作，无法满足新时期的要求。因此，实验技术队伍的素质和能力有待加强。

三、新形势下实验室队伍的新要求

实力雄厚的实验技术队伍是培养掌握现代化科学技术的综合型人才和增强实验室活力的基础。"双一流"建设给高职院校实验技术队伍提出了新要求。

（一）结构合理，人员稳定，确保实验技术队伍可持续发展

实验技术队伍承担了实验教学、实验室日常管理、仪器设备管理、实验中心建设、实验室安全等各方面的工作。新形势下，实验技术队伍是实验教学的主要力量，同时也是教学科研、创新人才培养的重要支撑力量。这就需要高职院校有一支年龄结构、学历结构及职称结构合理的实验技术队伍。同时，有进有出，人员充足且相对稳定，确保实验技术队伍良性流动且可持续发展。

（二）积极进取，素质优良，增强实验室管理服务能力

实验技术队伍的素质和能力是提升实验教学、创新人才培养、实验室建设和管理水平的关键。随着高职院校的发展和科技的进步，高职院校的实验内容不断更新，仪器设备也不断更新和扩充，对实验教学和实验室管理的要求也不断提高。因此，实验技术人员需要积极进取，努力丰富自己的专业知识，提高自身的综合素质，改变原有的工作模式，提升实验教学质量，真正地用实验数据和实验创新来支撑高职院校的教学和科研，增强实验室的管理和服务能力。

（三）理论扎实，技术精湛，提升实验教学质量

理论教学是实验教学的基础，实验教学相比理论教学来说，更加直观和形象，可以加深学生对理论知识的理解，增强学生的动手能力和创新能力。因此，要想提高实验教学质量，更好地为教学科研服务，实验教师必须具有扎实的理论基础和精湛的实验技术。授课时不但可以做到理论联系实际，更好地分析和使用实验数据，还可以进行延伸，指导学生进行科技创新项目，而不是简单进行实验演示。

从上述问题中可以看出，随着高职院校对实验队伍建设的逐步重视，实验队伍水平有所提高。但是与各高职院校的发展目标要求仍相差甚远。随着国家级与省级教学示范中心建设数量的增加，国家级实验室与各类国家级工程中心的建设，大精仪器设备的逐年增加，当前实验技术队伍亦不能满足事业发展需求。没有高水平的实验室，不可能建设高水平研究型大学。要建设高水平的实验室，实验技术队伍建设迫在眉睫。因此建设一支掌握先进实验教学方法、具有科学管理实验室能力、能够适应一流大学发展需求的高水平实验技术队伍尤为重要。

四、新形势下加强高职院校实验技术队伍建设的举措

双一流背景下高职院校实验队伍建设必须坚持顶层设计、分类管理、优化现有、吸引增量、内涵发展、系统协调的原则。

（一）重视顶层设计，科学设置岗位

高度重视实验室建设和管理工作，合理定位实验技术队伍，解决实验技术人员"边缘化"问题。

1. 合理核定人员编制

重新核定实验室岗位的编制数量。通过梳理学校实验技术队伍现状，依托顶层设计，合理设定实验技术队伍人员编制，规范设置岗位，明确岗位职责，优化年龄、学历和职称结构，构建合理的人才梯队。

2. 合理设置岗位及其职责

岗位设置由实验教师岗、实验技术岗、实验室管理岗三类组成，职责分别如下。

实验教师岗人员是学校专任教师的重要组成部分。主要岗位职责是实验教

学，主要负责完成学生的实验教学和实验课程设计，积极做好实验室的建设和实验教学改革工作。

实验技术岗由专业技术人员担任，主要负责实验教学、实验指导工作，负责大型仪器设备的运行管理、功能开发与利用，实验的准备及自制实验教具等。

实验室管理岗由专门的管理人员或专业技术人员担任，主要负责实验仪器、设备的保管维护及实验室的日常管理及日常事务的协调等工作。

3. 合理设置聘任岗位

每个实验室设置"实验室主任"岗位，负责全面管理实验室工作。实验教师岗、实验技术岗、实验室管理岗均可分别设置核心岗、骨干岗、普通岗、辅助岗四种类型的岗位，并明确不同岗位的职责、岗位待遇、竞聘基础和考核指标。设立"首席实验师"岗位，全校实验技术人员公开竞聘。

（二）引育并举，提升人员素质

高职院校要深刻认识到培育人才、引进人才的重要性，不断增强人才培育和人才引进力度。

1. 加强自身学习，提高业务水平

鼓励实验技术人员通过自己学和别人帮、线上和线下、理论和实践等方式加强自身学习；鼓励在职提升学历学位，参与国内外各类培训会议；鼓励实验技术人员参与科学研究和理论教学，以实验教学改革和指导学生科技创新活动为契机，不断提升实验技术队伍的业务能力和整体素质。

2. 拓宽培训渠道，建立培训评价制度

(1)建立定期培训制度。校内定期开展专题报告，内容包括实验教学、实验室管理、大型仪器共享共用等；定期邀请校外专家进行实验室相关工作交流。

(2)拓展培训渠道。除了定期培训，还可以选拔骨干岗位和核心岗位人员进行在职进修(包括在职读书、海外访学)，提升学历层次和科研能力；利用中国高职院校实验室工作研究会和上级主管部门等组织的各类培训机会，跨校合作组成实验教学及创新人才培养团队，进行高职院校间的交流；与相关企业建立校企合作关系，提升实践能力。

(3)建立培训评价制度。及时跟踪掌握培训效果，并对培训的效果进行科学评估，参加培训人员撰写培训心得和报告，共享培训成果，将培训成果纳入实验技术人员工作考核，促进培训工作切实有效完成。

3. 引进高水平人才，充实实验技术队伍

在加强对现有实验人员培育的同时，健全实验技术队伍引进机制。采取有效措施，从校内外引进高层次、高学历、高素质、实践动手能力强、教学水平高的人才。同时，通过科研合作、实验课程设计和创新人才培养等，吸引教学科研岗位上的老师作为兼职人员，参与实验室各项工作，有效充实实验技术队伍，提升实验技术队伍的素质和水平。

（三）完善激励机制，拓宽职业发展渠道

1. 畅通职称晋升渠道

（1）增设正高级职称岗位。设立研究员（实验技术）岗位，总量纳入学校高级专业技术职称统筹。

（2）修订实验技术系列职称评审条件。重点考察实验教学、仪器设备管理、实践创新能力等方面；明确要求申请实验技术系列职称的人员必须实际从事实验技术岗位工作，而且职称评定后也须在实验技术岗位从事相关工作达一定的年限；根据不同的岗位设定不同的晋升标准。

（3）设立实验技术职称评审委员会。根据实验室工作的特殊性，优化评审条件，实验技术系列单独评审，不与其他工程系列共同评审。

（4）明确破格晋升条件。设定一定比例的机动名额。一方面优秀的青年人才可以突破工作年限要求尽快晋升；另一方面为长期踏实从事实验室工作且经验丰富、技术精湛的老师开通绿色通道，解决由于无法完成科研和论文要求而无缘高级职称的问题。

2. 提高实验技术岗位待遇

高职院校要充分肯定实验技术队伍在教学中的地位，明确实验技术岗位和教学岗位、科研岗位同等重要。因此，在薪酬待遇上，建立与教学科研岗位的老师同岗同酬的薪酬体系，同时引入团队薪酬和岗位薪酬，多干多得，适当拉开差距。并鼓励实验技术岗位教师充分参与学院教学科研工作，将高水平的实验技术论文纳入科研奖励范畴，鼓励实验技术人员发表实验教学和科研方面的论文，以提高其学术水平。精神激励和薪酬激励并行，促进工作积极性。

3. 建设创新团队

在专职或兼职实验技术人才队伍中选拔具有较高思想政治觉悟、学术水平以及丰富实验教学经验和较强组织管理能力的具有高级专业技术职务的人员担任实

验教学与科研工作带头人，组建"实验技术创新团队"，通过老中青传帮带，积极创造条件充分发挥团队的作用。

由院系高层次人才作为实验教学改革、实验室建设的引领者，组建"实验教学创新团队"，团队积极开展教学科研项目研究，促进教师与实验技术队伍人才的交流合作和良性互动，促进理论教学与实验教学的有机结合，以实验技术研究作为主攻方向，争取取得新的实验技术研究成果。

4. 设立专项奖励和项目

(1)设立实验技术专项奖励。着重对将研究成果应用于实验教学和实验室管理工作并起到重大推动作用的集体和个人给予奖励，调动实验技术人员开展技术创新的积极性。设立实验教学成果奖、实验技术成果奖、实验室优秀团体奖、实验室优秀个人奖、优秀资产管理奖等奖项，肯定实验室技术队伍的工作成效，使其有荣誉感和责任感。鼓励实验技术人员将开发的实验技术成果广泛应用于实验教学。

(2)设立实验室"创新基金项目"。创新基金重点支持实验室相关方面的研究与开发工作。如实验技术理论与方法的研究，实验仪器设备研制、改造和功能开发（包括应用软件），实验和实验室管理的理论、技术与方法研究，科研成果向实验技术和实验教学转化，实验教学研究及实验教学项目开发，实验室安全管理的理论、技术与方法研究等。

(3)设立实验室"闪亮计划"。"闪亮计划（实验技术队伍）"通过给予实验技术队伍大力扶持和培养，搭建成长平台，使其成为实验室相关领域的才俊，并充分发挥其示范引领作用，推动学校各项事业科学发展。"闪亮计划（实验技术队伍）"实行岗位管理，设置"闪亮之星"岗位，通过公开竞聘等方式，面向全校公开招聘。

（四）加强管理，构建合理的准入准出和考核评价机制

1. 严把入口关，建立"能上能下"用人机制

严格实验技术队伍选聘制度，确保实验技术队伍质量。招聘方式公开透明，统一笔试和面试，重点考察应聘人员的思想品质、教学能力、专业知识、动手能力和工作潜能等。对于高学历应届毕业生更加关注其专业能力、潜力及可塑性。

建立"能上能下"用人机制。能上能下指各岗位各层级之间要形成"能者上、庸者下、劣者汰"的用人导向和工作环境，克服慵懒、懈怠和不思进取的工作作

风,避免层级固化;对于未能履行相应岗位职责的人员,通过转岗、低聘或者进入人才交流中心进行分流。

2. 实施分类管理,评聘分离

建立分类分层的岗位目标体系,学院按照实验教师岗、实验技术岗、实验室管理岗实施分类管理,每一类又划分成四个不同层级,实施责任和权益的差异化管理。

评聘分离是指实验技术队伍专业技术资格或管理职级与岗位聘任分开,学院提供的岗位津贴和绩效奖励等各种待遇按实际聘任的岗位层级执行。这有助于青年人才、领军人物脱颖而出。

3. 合理设置考核指标,构建科学的考核机制

实验技术队伍考核将聘期考核和年度考核相结合,考核结果用于岗位聘任、薪酬分配、发展晋升、进修培训、评奖评优等。引入360°绩效考核法,考评主体包括师生、自己、同事和领导,考评方法将定量与定性相结合,过程与结果相结合。

实验教师岗、实验技术岗、实验室管理岗分类考核,考核内容包括品德与意识、能力与素质和工作与成效三方面。品德与意识作为三类岗位的通用指标,其他两类内容作为不同岗位的KPI指标。品德与意识考核包含爱岗敬业、团结合作、主动进取、奉公自律等方面。

实验教师岗KPI指标设计以教学能力为导向,能力与素质考核包括理论基础、教学能力、培养学生、课程设计、实验教学改革等方面,工作与成效考核包括教学课时、教学效果、课题创新、科研成果、论文发表等方面。

实验室管理岗KPI指标设计以服务保障能力为导向,能力与素质考核包括学习研究、筹划能力、协调沟通、执行能力等方面,工作与成效考核包括服务质量、工作效率、全局意识和对外影响等方面。

通过设计科学合理的考评机制,提高实验技术人员工作的积极性,提升整个队伍的综合素质。

高职院校实验技术队伍建设具有长期性、系统性、复杂性等特点,因此需要高职院校高度重视,构建长效机制。现有实验技术队伍存在人员结构不合理,发展动力不足、素质和能力有待加强等共性问题。

"双一流"建设给高职院校实验技术队伍提出了新要求。高职院校应在国家及上级部门指导下,结合学校具体情况,判定具体措施(如:顶层设计,科学设置

岗位；引育并举，提升人员素质；完善激励机制，拓宽职业发展渠道；加强管理，构建合理的准入准出和考核评价机制等），打造一支教学实验保障有力、科研实验和技术开发能力强、在学科建设中能发挥重要作用、仪器设备使用管理良好、素质优良、结构合理、人员稳定的实验技术队伍。

第四节 高职院校实验室大型仪器设备开放共享管理

高职院校大型仪器设备是高水平人才培养和科学研究的重要保障，同时也是学校教学科研的重要物质保障。随着高职院校教学教育改革的不断深入及办学资源投入的不断增加，拥有的大型仪器设备的数量也在逐年增加。高职院校大型仪器设备的使用效益是上级管理部门一直关注的问题。为充分发挥大型仪器设备在教学科研、人才培养和社会服务工作中的重要作用，促进大型仪器设备资源的有效利用，各高职院校积极开展各项工作，建立了相关制度，搭建了大型仪器设备开放共享管理平台，通过信息化手段推进大型仪器设备共享共用。

一、实验室大型仪器设备开放共享管理概述

高职院校大型仪器设备作为高精尖设备，不但是学校人才培养和科学研究的重要保障，也是学校重要的国有资产，利用率尚有较大的提升空间。

近几年，国家及教育部门对高职院校大型仪器设备开放共享问题越来越重视，不但建立了科技资源共享平台，科技部还组织开展了大型科研仪器开放共享评价考核工作。高职院校大型仪器设备管理包含购置、使用、处置等环节。高职院校通过健全大型仪器设备开放共享制度、体系和机制，建设功能更加强大、专业化水平更高的共享管理平台，使得开放共享水平得到了显著提升。

随着"互联网＋"、物联网、大数据、云计算等信息技术的飞速发展和不断成熟，高职院校在建立健全管理制度的基础上，搭建了更加智能化的大型仪器设备开放共享平台，同时也与国家共享平台进行了对接。

党的十九大报告提出"建设科技强国"的目标。大型仪器设备是培养创新型人才、增强创新能力、提高科研水平与成果产出的重要物质保障。

"双一流"建设的深入和"创新"大环境的形成对高职院校大型仪器设备的服务

需求有了更高的要求。新时期，如何构建更有利且适合高职院校的大型仪器设备开放共享新体系，更好地服务教学科研、人才培养、社会需求和国家战略成为高职院校急需思考和解决的问题。

二、实验室大型仪器设备开放共享的必要性

（一）为社会提供稀缺资源服务

高职院校大型仪器设备资源的持续增加满足了办学需求，然而部分设备由于各种原因存在资源闲置现象，资源无法有效利用；同时，大型仪器设备的大量社会使用需求难以得到满足。高职院校可以利用设备优势，打造共享平台，发挥智库作用，不断促进大型仪器共享共用，为全社会提供优质服务。

（二）促进高职院校实验室大型仪器设备管理水平提高

大型仪器开放共享工作的开展，可以不断提高仪器设备使用效益，进一步提高仪器设备利用率，从而促进高职院校大型仪器设备管理水平的提高。高职院校在大型仪器设备开放共享中应该自觉遵守相关法律法规和规章制度，打造资源开放共享平台，提高开放共享水平。

三、实验室大型仪器设备开放共享存在的问题

由于高职院校的大型仪器设备多样，专业管理人员配备不足，激励机制不健全，加之缺少或没有相关的运行和周期维护配套经费，因此，大型仪器开放共享难度大。

（一）大型仪器设备多样，开放共享难度大

由于学科门类多，学科之间的差异比较大，因此大型仪器设备的种类、功能和性能指标方面都有着多样化的特点。专业性越强的仪器设备，适用范围越窄，实现开放共享的难度也越大；而且大部分大型仪器设备由于购买经费高或者专业性强，购置后放置在相关科研实验室或者课题组，而高职院校的科研实验室数量众多且位置分散，进一步增加了大型仪器设备的管理难度和开放共享难度。

（二）专业管理人员配备不足，开放共享支撑不够

目前，高职院校实验技术队伍素质和业务水平普遍偏低且配备不足。由于历

史原因，部分实验室管理人员是引进重要人才的家属或从管理岗位流转的人员，专业不对口，业务能力和综合素质均较低，管理人员的技术水平参差不齐。实验室技术人员不但要承担教学、科研任务，还要承担公共服务等其他工作，分身乏术。在高职院校实验技术队伍人员短缺的情况下，大型仪器设备缺少专人管理，"一人多机"几乎是普遍现象，还有一部分是从事教学的老师兼职管理。此外，高职院校大型仪器设备开放共享工作难度大、任务重，大型仪器开放共享激励机制不完善导致管理人员共享意识薄弱，缺乏主观能动性和积极性；而且操作大型精密仪器需要丰富的技术经验，由于技术人员紧缺，实验室更倾向于将仪器闲置。因此，开放共享技术和人员支撑不够。

（三）后期维护经费投入不足，开放共享积极性不高

高职院校大型仪器设备不但购置经费高，后期运行使用的耗材费用、易耗件磨损更换费用以及使用周期保养费用也高。通常，仪器设备的购置经费是专款专用，无法支出运行维护经费。目前，国内有些高职院校设置了"大型仪器设备维护专项经费"，而大多数高职院校由于经费紧张，仅拨付少量的专项大型仪器运行维护经费，拨付经费难以维持大型仪器设备的高效运行。由于经费不足或没有专项运行维护经费，导致一些大型仪器设备出现故障后无法得到及时的修复，影响使用，进而降低了使用效率，也导致了害怕损耗和损坏便"能不用尽量不用，能少用尽量少用"的现象，因此花费高额经费购置的仪器设备闲置，无法得到充分利用。开放共享后带来的设备损坏风险增大，开放共享的积极性不高，造成了极大的浪费，学校需要投入更多的资金用于大型仪器设备的维护运行，支持开放共享。

（四）激励机制不健全，开放共享动力不够

目前，高职院校对于大型仪器设备利用率不高和开放共享力度不强的相关责任人没有问责和惩罚机制，运行使用情况和院系及相关管理人员的绩效没有挂钩，因此院系责任意识不强，没有开放共享的动力。此外，奖励机制也不健全很多高职院校制定了相关的管理办法，也已经开展了大型仪器使用情况的考核工作；但是对于从事大仪开放共享工作的管理人员没有相应的工作量计算，肯定和奖励程度不够，因此导致管理人员为了避免仪器损坏的风险而减少工作量，不愿意开放共享。

四、促进实验室大型仪器设备开放共享的举措

(一)注重开放共享宣传,共享观念深入人心

将大型仪器开放共享的内容纳入实验室宣传教育活动中,不断加强校园共享文化建设。定期组织开展全校范围大型仪器设备开放共享培训,使教师、学生、实验人员、管理人员意识到开放共享的重要性;鼓励学院管理人员参加国家层面大型仪器设备开放共享培训,深刻理解上级部门开放共享的政策和措施;借助实验室开放月活动以及学校宣传平台,增加新媒体宣传方式,加强宣传,不断强化大型仪器设备开放共享政策、制度和运行,增强师生的共享意识。通过不断努力,使得大型仪器开放共享成为制度和常态,成为教师、科研团队、项目负责人及学生的基本自觉意识。校内开放是基础,只有做好了校内共享,才有对外开放和服务社会的基础和能力。

(二)完善管理体系和制度,管理规范有效

建立学校、学院、实验室三级管理服务体系。三级各司其职、相互配合,共同完成大型仪器设备开放共享服务的各项工作。学校成立大型仪器设备开放共享工作领导小组。学院成立大仪工作小组,负责对本学院纳入开放共享的大型仪器设备进行具体管理。实验室是开展大型仪器设备开放共享服务工作的实体,负责开展分析测试等技术服务工作,负责管理范围内的大型仪器设备的日常管理、维护和运行、用户培训及技术队伍管理等工作。同时不断健全和完善相关制度和细则,如除了《大型仪器设备管理办法》和《大型仪器设备开放共享管理办法》外,还需制定《大型仪器设备共享基金管理办法》《大型仪器设备维修管理办法》《大型仪器设备有偿使用管理办法》《大型仪器设备使用效益与管理考核办法》《大型仪器设备可行性论证实施细则》等相关细则。明确管理单位和相关责任,理顺开放共享运行机制,让大型仪器设备开放共享有章可循、有规可依,逐步推动大型仪器设备开放共享,使得管理工作更加科学化和规范化。

(三)统筹资源配置,加强全生命周期监管

1. 购置前学校统一论证,减少重复购置

按照学校的发展目标和仪器设备的需求,做好规划和论证。学校层面监管部

门组织专家加强大型仪器设备购置可行性论证，详细论证购置的必要性、可行性、紧迫性、技术指标、设备性能、预计效益、风险等，同时要求购置单位提供已有大型仪器设备的开放共享情况。严把论证关，减少重复购置、盲目购置，避免设备使用率低下，确保科学配置。对于可以同时满足多学科基本科研需要的仪器设备，经过论证后，纳入校级共享实体平台，采用"集中区域放置，优先购置单位使用，促进共享共用"的方式管理。

2. 建立校级实体平台，改变资源配置模式

建立由学校统一规划、建设和管理的校级共享实体平台（分析测试中心），平台运行实行独立管理。能满足多学科基本科研需要的通用型仪器设备纳入校级实体平台管理。

改变资源配置模式，由分散的科研团队资金配置向学校统筹资金配置转变。经费到达学校后，结合一流学科建设和重点实验室建设需求，集中规划大型仪器设备购置计划，开展竞争性购置，优先购置急需仪器设备。

3. 优化共享管理信息平台，实时动态监管

优化大型仪器设备开放共享管理信息平台，建设主要包含管控平台、共享平台、决策支持平台三个部分的管理平台。管理信息平台与设备管理、房屋管理、财务管理、科研管理、人事管理等多个业务管理平台对接，避免形成数据孤岛。

可以物联网技术和产品为基础建设管控平台，以电流监控芯片连接设备仪器，将采集数据反馈到服务器，实现设备运行状态实时监控。通过后台管理系统可以查看关机台数和时长、开机台数和时长、待机台数和时长、运行台数和时长和离线台数和时长等实时监控数据。

共享平台实现了仪器管理、预约管理、测试管理、机时管理、收入管理、成果管理、报表管理（自动完成）、预警报警（如当某机组仪器设备长期处于关机或待机状态且拒不开放共享，系统定期提醒系统管理员督促机组管理员开放共享）、用户管理等功能。

决策支持平台实现关于大型仪器设备使用情况、维修情况等的分析功能，并定期形成评估报告，为学校考核评价及科学决策提供强有力的数据支撑。

4. 建立使用档案，加强有效监管

建立使用档案管理制度，监管使用效率。资产管理部门明确要求各二级管理部门应具备完整的使用过程记录，并设立专人专管，填写相关记录存档。资产管理部门可统一印制《大型仪器设备使用记录本》，包含实验项目或科研课题名称、

服务对象、服务范围、测试样品、使用机时、培训人数等内容。各二级部门也可以根据仪器的实际情况，自行印制《使用记录本》。学校职能部门定期或不定期对二级管理部门使用记录完成情况进行检查或抽查，并将结果纳入年度大型仪器设备使用考核范围。

5. 规范处置管理

对于到达或超过使用年限后，通过评估已不能满足使用需求或者不具有继续使用价值的大型仪器设备，使用部门应及时提出处置申请，经相关专家鉴定，提交资产管理部门审核并按照上级部门相关要求处置。处置方式包括降档使用、校内外调拨或者对外捐赠等。使用部门或者管理人员不能由于担心处置流程长而不及时申请，造成大型仪器设备闲置。

（四）加大运行维护经费投入，保障持续运转

大型仪器设备普遍维修成本高，此外很多仪器更新换代快，因此每年必须有足够的专项经费用于支持大型仪器设备的正常运行、维修维护及更新换代。

高职院校普遍存在设备购置经费充足但后期维护维修经费不足的现象。由于高职院校的特殊性，上级经费部门应向高职院校适当投入大型仪器设备运行维护专项经费；同时高职院校应该高度重视大型仪器设备开放共享管理工作，加大专项经费的投入，设立专项基金，支持大型仪器设备的正常运行、维修维护和开放共享等工作；从科研项目经费中划拨部分经费作为大型仪器设备运行维护费用，缓解学校资金不足的压力；制定合理的收入分配办法，开放共享收入的相应比例（如15%~25%）可以直接进入学校共享基金，剩余收入作为仪器机组日常运行、维修维护、耗材支出和人员激励经费直接返回到仪器组所在学院和中心，"以机养机"，促进开放共享工作良性运转。

总之，学校的支持和投入是大型仪器设备开放共享的基础，只有持续不断投入专项经费，同时制定合理的收入分配机制，才能保障大型仪器设备开放共享工作的可持续发展。

（五）完善激励机制，充分调动积极性

1. 加强实验技术队伍建设

坚持"顶层设计、分类管理、优化现有、吸引增量"的原则，依托顶层设计，学校科学设置实验技术岗位，明确各类岗位的岗位职责；完善晋升机制，根据不

同的岗位设定不同的晋升标准，重点考察实验教学、仪器设备管理、实践创新能力等方面；建立培训制度，提升实验技术队伍的综合素质和业务水平；设立实验技术专项奖励和实验室"创新基金项目"，提高工作的积极性和主动性；加强管理，科学设计考核指标，构建合理的准入准出和考核评价，不断加强实验技术队伍建设，建设一支具有科学管理实验室能力、掌握先进实验教学方法、能够适应一流大学发展需求的高水平实验技术队伍，为大型仪器开放共享工作服务。

2. 建立科学的使用效益考核评价体系

高职院校建立科学实用的考核评价体系，对大型仪器设备的开放共享情况执行绩效考核制度。由大仪领导小组组织实施，对大型仪器设备的使用机时数、开放服务、功能利用开发、科研成果、教学成果、人才培养、社会服务、获奖情况、报告质量、安全完整等内容进行考核评价。

大型仪器开放共享考核和评价分为三个层次进行，即学院、机组和单台设备。对不同功能和不同使用方向的大型仪器设置分类型的考核评价指标和权重系数，如：以教学为主的仪器设备，人才培养和教学成果的权重增加；以科研为主的仪器设备，科研成果和功能利用开发的权重增加；以分析测试服务为主的仪器设备，开放服务、检测报告的数量质量的权重增加。

考核评价每年定期举行，与学院年度考核、人才年度考核工作相结合。结果向全校公示，并将其纳入使用单位年度考核，同时作为后期学校经费投入的重要依据之一。

3. 建立有效的奖惩制度

科学有效的奖惩制度可以促进大型仪器开放共享，同时保障使用效益考核评价的落实。建立有效的奖惩制度，可以充分调动学院、机组和管理人员的积极性。对大型仪器设备运行良好、管理规范及开放共享情况、教学科研成果等评价优秀和良好的单位和机组，学校给予表彰和奖励；对工作积极，所管辖大型仪器设备评价优秀和良好的个人给予表彰和奖励，同时核算其工作量；合格以上的单位和机组分类型给予专项经费支持。对大型仪器设备管理不规范、使用效率低、开放效果较差的单位和机组，给予批评并责令限期整改，同时减少其仪器设备的经费投入；对于长期考评结果差且整改不力的单位，学校收回设备并进行重新调配，仪器设备负责人和管理人员，给予通报批评，同时限制其项目经费购买大型仪器设备。

建立年度报告制度。全校大型仪器设备开放共享情况和奖惩情况按年度呈报校领导,作为后期学校投入的重要依据之一。

五、构建高职院校实验室大型仪器共享新体系的思考

大型仪器设备共享新体系的构建不但可以更好地支撑学校学科发展、创新人才培养和科学研究,而且更有利于为社会需求和国家战略服务。

根据国家定位和要求,创新大型仪器设备开放共享服务思路,着力构建以成果为纲,以共享为目,校内统一、校际互补、辐射社会的大仪共享新体系。

通过创新管理体系、运行机制、评价模式和激励机制探索打造"一体两翼三中心"大型仪器设备共享新模式,开创大仪共享新局面。"一体"指高职院校内部上下形成一体,成立学校大型仪器共享服务管理机构,"两翼"是指"校内"和"校外",即基于校内科学研究和教学保障需求的共享服务和面向社会、支撑国家重大项目需求的专业化服务;"三中心"是指大型仪器共享服务管理机构设立三个中心,即公共测试中心、运行保障中心、共享服务中心。公共测试中心除了通用仪器实验室外,还将建立多个学科交叉公共平台实验室,采用矩阵模式管理,即需要各个学科专业负责学院参与实验室的管理。

学校成立"大型仪器共享服务管理中心",负责统筹学校大型仪器设备开放共享工作、学校大型仪器设备开放共享制度建设、开放共享平台建设与运行管理、开放共享服务的监督管理、开放共享考核评价与激励工作以及大型仪器设备购置可行性论证,牵头完成上级管理部门要求的大型仪器设备的各类报表、数据统计、基础调查、仪器平台对接等工作。

"大型仪器共享服务管理中心"设立三个二级管理中心,即公共测试中心、运行保障中心、院系管理服务中心。公共测试中心负责校级公共测试平台各项工作,包含规章制度制定、仪器设备管理及维护、开放共享运行、公共测试平台报表编制等工作;运行保障中心负责全校大型仪器设备开放共享制度建设、网络平台建设与运行管理、考核评价、购置可行性论证、上级管理部门的各类报表;共享服务中心负责校外业务管理,加强社会化服务,同时负责监督院系开放共享规章制度制定情况、大型仪器开放共享情况、院系数据统计及报表汇总等。

学校成立"大型仪器设备开放共享工作领导小组",负责研究解决仪器设备开放共享工作中的重大问题,指导大型仪器设备的整体布局与配置、效益考核与评价。领导小组组长由分管大型仪器共享服务管理中心的校领导担任,成员由设备管理部门、科研管理、财务管理、人事管理、学科管理、房产管理、网络与信息

化管理等职能部门负责人组成。各成员单位按各自部门职责支持和保障大型仪器设备开放共享工作。

第五节　高职院校实验室信息化管理

随着科技的发展和时代的进步，校园中实验室建设的好坏将直接影响学校的教学水平和科研水平。高职院校的教学需求和市场的发展相接轨，因此高职院校必须不断地新建实验室，更新改建原有实验室，来满足社会的需要。实验室更新了，管理模式也需要随之更新。目前的高职院校中，实验室的管理已经采用了信息化的管理方法，但随着实验室的不断更新、新建，原有的一些信息化手段已经不能完全满足现状。目前实验室的信息化管理模式还处在信息化发展的初期阶段，如何推进信息化平台的建设，改善实验室供求关系，做到物尽其用，如何规范实验室的教学活动，培养综合性人才等，已成为高职院校实验室管理与利用过程中亟待解决的问题。

一、高职院校实验室信息化管理的重要意义

信息化的飞速发展，特别是当代移动互联网、物联网技术快速发展，为实验室管理信息化改革带来了新的挑战和机遇。在国家提出对中长期教育改革和发展规划纲要的背景下，学校需要进一步加快实验室管理信息化改革，通过改革使得实验室能投入最少的人力物力，创造更高效的工作效率，提高仪器设备的利用率，实现最大化资源共享；并且能准确记录实验室现状、使用情况，评估实验室各项指标，得出各项报表，实现数据共享。信息化改革将通过促进实验室发挥自身功能来促进实验室管理、服务质量的提升，促进学校专业建设、课程建设和科研工作的发展。

二、目前高职院校实验室管理的主要模式

全方位的信息化管理改革的推进，引起了高职院校实验室改革的浪潮，其中一些高职院校实验室改革已经完成，并实施了计算机自动化管理方式。但总体而言，目前高职院校主要分为两类管理模式。

第一，传统的人工式管理模式。很多高职院校实验室管理采用的都是传统的

人工式管理模式，设备投入较少，状态老旧，而且数量少，不能满足学生的日常需要。学校并不愿意投入大量的资金，仍然保持原来的管理方法。

第二，人机共同管理模式。部分高职院校在实验室管理的信息化改革方面已取得了初步成效，但还未完全采用规范的信息化管理，因此将计算机辅助管理和人工式管理相结合，形成了人机共同管理的模式。例如，实验室排课使用教务系统，实验室的资产管理使用资产管理系统，实验室日常管理及使用情况通常采用纸质记录，实验室的门禁、安全等方面则完全需要依靠人工管理。

三、高职院校实验室管理的现状及问题

就目前而言，教学资源信息在数字校园系统的数据都是分散的，例如，教室信息存放在教务系统中，而实验室中的资产信息则存放在资产管理系统中，没有实现真正的数据共享。在使用实验室或申请实验设备时候，往往需要多方比对，各类统计数据需要从各个系统中下载整合后才能得出，效率非常低下。通过对实验室管理工作的对比、分析与研究，总结出目前主要存在以下几类问题。

（一）实验室仪器类型单一，开放程度较小

科学研究随着时间的推移分化越来越精细，在分化之后又高度综合，各类学科交叉融合，对于学生来说要求更高，除了学习本专业的知识外，更需要提高综合素质及创新能力。学生往往只是在教学的过程中使用实验室，课外使用的机会非常少，且不同院系之间的实验室不对外开放，极大地限制了学生的使用。如果需要培养学生的综合素质，那么目前的管理模式是存在极大缺陷的。但如果实验室绝对开放，实验室环境、固定资产、设备的维修与维护又存在较大的困难。

（二）实验室使用过程记录不完整

传统的实验室使用记录都是以手工记录为主，形成报表效率低下，无法精确记录学生实验设备使用情况，往往按班级统计实验室使用情况，遇到问题无法追查到个人。目前所采用的教务系统、资产管理系统，也无法记录实验室使用情况和设备资产维修情况，并且各个信息系统与系统间无法实现信息共享，导致了信息孤岛现象的形成，使高职院校的信息化进程受到影响。

（三）实验室加强信息化建设难度大

一些教师和管理人员利用信息化技术来服务教学的认识程度还普遍不高，信

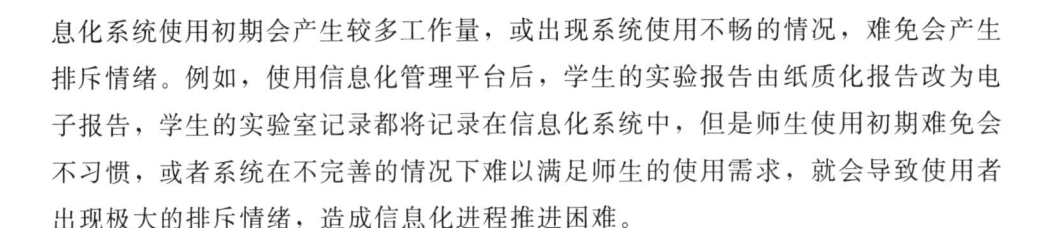

息化系统使用初期会产生较多工作量，或出现系统使用不畅的情况，难免会产生排斥情绪。例如，使用信息化管理平台后，学生的实验报告由纸质化报告改为电子报告，学生的实验室记录都将记录在信息化系统中，但是师生使用初期难免会不习惯，或者系统在不完善的情况下难以满足师生的使用需求，就会导致使用者出现极大的排斥情绪，造成信息化进程推进困难。

（四）实验室门禁管理制度不完善

门禁管理是实验室管理工作中最基础也是最重要的部分。正常情况下，门禁的管理由实验中心负责，实验室所有钥匙都在对应实验室管理员手上，实验中心主任处有相关备用钥匙。在上下课阶段，由实验员负责相关实验室的开门及关门工作；在课外，教师使用实验室前需要提前申请，申请发送给实验员后，由实验员开启相关实验室，或者通过向实验员借用相关钥匙开启实验室。采用此类管理方式，容易发生钥匙丢失、实验室门禁发生异常或实验室开关门不及时的情况，效率低下。

（五）安全与卫生管理缺乏动态交互

大部分院校的实验室关于卫生与安全的规章制度是以文字的形式上墙，而关于实验室的内容则大部分以图片的形式展示，视频展示较少；展示的场所只限于实验室内，极大地限制了师生对实验室环境的了解。

四、推进高职院校实验室信息化管理的主要措施

实验室管理信息化改革是一项综合性工程，包括实验室管理网络化、办公无纸化、管理工作信息化等。目前推进实验室管理信息化，需要从多方面入手。

（一）创新管理体制、改革管理模式

实验室的基本功能是为师生提供实验教学场所，为培养学生动手能力、提高技能水平服务，同时实验室也是各类教学资源的集中地。而实验室的信息化改革应当以服务师生、优化配置资源、推进人才培养为前提，建立起一个具有创新能力和实践能力的管理模式。管理模式的改革将全面推动实验室的信息化改革，以实现高职院校实验室管理的高效性、方便性、准确性和安全性。同时完善实验室规章制度，建立健全激励机制，提高相关管理人员的工作积极性。

第三章　高职院校实验室管理内容

（二）组建完整的实验室团队

提升实验员整体素质，加强培训管理，健全管理机制。在条件允许的情况下，可以到企业学习新技术或到兄弟学校进行参观学习。积极参加研讨会，参与教学活动，积极与师生联系，听取广泛意见。接受新事物，不断学习新知识。通过任务在线提交、执行、检查、考核等工作的信息化可提高管理人员的管理积极性及实验室各种问题解决的及时性。

（三）建立完善的实验室信息化管理系统

构建实验室信息化综合管理平台，包括钥匙管理、仪器设备管理、信息化展示与安全管理、实验室耗材管理、各类文档信息的管理、实验室仪器设备借用管理、实验项目管理、实验室日志管理、实验室管理人员技术培训等，引入移动互联网技术、云计算和物联网技术，将有利于推进实验室信息化进程。例如，建立移动信息化管理客户端，在4G手机普及的情况下，师生课间利用手机上网访问信息化平台：老师可以依靠手机，实现实验室教学即时指导和帮助；学生可以依靠手机和老师互动提问；实验员可以依靠手机实现对实验室的远程管理。

（四）实验室日常管理与信息化管理的方式方法相融合

将信息化管理手段引入日常管理工作中，利用智能门禁系统和实验室监控系统，实现远程门禁管理。将系统与一卡通系统相对接，管理员、老师、学生都应有不同的管理权限。智能门禁系统的运用，将解决实验室开放的问题。例如，管理员可以随时开启和关闭实验室；老师可以按时间段设置进入或不进入实验室；学生在老师带领的情况下，可以跟着老师进入实验室学习；如果没有指导老师，可以提前在相关系统中进行申请，管理员审核通过后，方可进入实验室。监控系统的使用，可方便实验室管理人员随时查看实验室使用情况，并记录近期的使用情况，方便查询。实验室管理人员通过使用管理平台，填写日常管理信息，记录日常管理数据，进行相关信息的存储、检索、统计分析。老师、学生通过信息化平台能及时反馈设备故障，使得管理员在管理过程中做到故障的随时发现和及时处理，提高维护效率，并能对维护情况进行各方面的统计分析，以了解设备的具体维护状况。强化信息化管理平台的推广应用，强制执行，让广大师生熟悉并应用好管理平台，最终将日常管理产生的各类数据、报表、流程都记录到信息化管

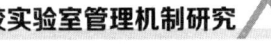

理平台中。

(五)开发与建立实验室资源库

实验室在教育和科研体系中有着举足轻重的作用。实验室使用者应当了解实验室各项信息,包含实验室的功能、服务对象、实验室内资源信息、仪器设备的使用说明等。为此有必要开发实验室资源知识库。知识库中应当包含实验室全部信息,并根据实验室建设更新情况实时更新。实验室信息资源包括实验室的基础信息、使用说明、安全知识、室内环境及设备图片、设备使用说明、配套视频等。通过资源库,师生可以全方面认识和学习实验室,提高利用效率。此外,更换实验室管理员过程中,新上任人员也能尽快全面地了解相关实验室,缩短交接时间,有效规避因人员流动而产生的管理断档。

(六)创新实验室安全与卫生宣传方式

实验室的安全和卫生是日常管理中需要重点关注的内容,整洁安全的实验环境将为师生带来良好的实验体验。安全规范、卫生行为准则往往通过教师口述,以及制度上墙等方式进行宣传。缺乏新颖、动态的宣传方式,往往宣传效果较差,因此有必要采取一些新颖的方式去宣传,如运用漫画、海报、动画、短视频等方式进行宣传,能够更加生动地展示日常使用实验室时应该遵守的行为规范和安全注意事项。同时在制作这些宣传图片、视频等时加入实验室的特点、专业特色等方面内容,有助于提高学生的人文素养。新的宣传素材可以通过多媒体、校园网全方位展示,也可在新媒体发布实验室卫生情况、安全制度遵守情况,动态交互,形式更加新颖,也更加便于接收到师生们的反馈信息。

高职院校实验室管理信息化是高职院校实验室管理发展的必然趋势,建立健全高职院校实验室信息化管理体系,实现实验教学资源和实验设备的共享,将实验室日常管理工作规范化、信息化,对提升实验室利用率,提高实验设备共享程度,提升教学质量有着极大的促进作用。实验室管理信息化,有助于提高工作效率和管理水平,提升学生的综合素质。实验室管理信息化改革,是一项长期的工作,需要进行一次次的探索与实践,需要从管理模式、人才平台、信息化平台建设、推广运用等多方面进行。科技的发展为实验室管理模式改革提供了全新的思路,特别是互联网、物联网、云计算等技术将带来全新的技术手段和管理方法。

第六节　高职院校实验室资源优化配置与科学管理

实验室是高职院校提高教学水平、培养人才的重要载体，也是开展科学研究的重要场所，实验室的建设水平体现了这所学校的教学水平、科研水平和管理水平，也是衡量高职院校办学层次、是否具备相应办学资格的重要条件。在高职院校实验室建设中如何做到资源的合理配置、实验室的科学规范管理，避免隐形浪费，充分发挥实验室资源在教学、科研和人才培养中的重要作用，已成为亟待解决的问题。

一、当前高职院校实验室资源配置与管理的不足之处

目前，随着高职院校教育事业的发展和规模的扩大，以及实验、实训教学模式的推广，各高职院校对实验室建设的重视程度逐渐提高，实验室的建设水平得到了长足的发展，但在实际操作中也不可避免地存在一些问题，其中比较突出的是实验室资源的配置不合理以及管理的不规范问题。

（一）实验室分散建设，封闭管理

各院校的实验室一般按照专业建设，各专业、各系部根据教学大纲开设实验，这就造成了实验室的管理相对独立，实验室规模小、数量多，各实验室之间的横向交叉使用较少，教师不清楚学校实验资源的分布情况，出现设备闲置和需求紧张的怪象，资源利用率不高，形成了"隐形浪费"；另外，各实验室在采购设备时难免会出现攀比之风，形成"你有我也要有"的情况，缺乏全局观念，各自为政，重复投资，资源优化配置意识淡薄，导致高职院校实验室整体设备资源丰富但种类单一的问题，也进一步加剧了设备经费的紧张。这些都不利于发挥设备和场地的潜力，也不利于承担大型实验任务和科研项目的开发。

（二）实验资源配置缺乏计划

在教学方面，没有根据教学体系形成一个科学规范的配置标准，设备申报时只凭印象或某门课程的设计要求决定投资方案，极易出现贫富不均的现象；科研

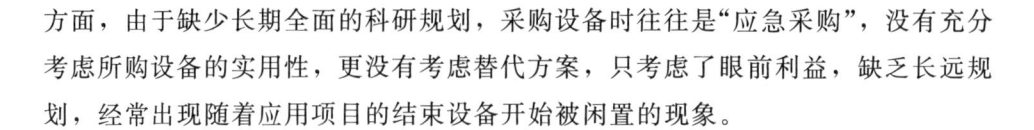

方面，由于缺少长期全面的科研规划，采购设备时往往是"应急采购"，没有充分考虑所购设备的实用性，更没有考虑替代方案，只考虑了眼前利益，缺乏长远规划，经常出现随着应用项目的结束设备开始被闲置的现象。

（三）实验室在整个教学周期中没有得到充分利用

目前各院校的实验室建设一般都依附于理论教学，重理论、轻实践，实验课程只是根据理论教学的需要进行设置，起到辅助教学的目的，没有完全发挥实验室在学生实践、科研、社会服务方面的作用。这就导致每个教学周期实验室只是在教学任务的后期才开始使用，而其他时间处于闲置状态；同时由于使用时间相对集中，又会出现资源和场地相对紧张的局面。这些既不利于学生创新能力的培养和教师自身素质的提高，也不利于实验设备的维护保养。

（四）实验室设备的维护、维修不够

各院校往往对实验设备的后期维护保养不够重视，设备使用完后缺乏必要的维护，导致设备使用寿命的大大缩短。由于实验室人员缺乏一些相关的基础知识，一旦设备出现问题便没有信心亲自进行检修，而是联系厂家上门维护或直接申请报废，无形中加大了设备的使用成本；另外，教师对使用的设备缺乏必要的了解，在使用过程中没有严格按照操作规范执行，导致设备人为损坏的现象也比较突出。

二、优化实验资源合理配置与科学规范管理的途径

针对以上存在的问题，在实验室建设过程中各高职院校主管部门应对本校的实际情况进行深入细致的分析，同时结合本学校专业设置、学科建设、教师资源等的具体情况，通过以下几个途径实现合理配置资源，规范实验室管理。

（一）改革实验室管理体制

实验室资源的合理配置应以实验内容和专业设置为主要依据。对于以教学为主要目的的实验室应从学校的整体考虑，摒弃根据专业设置实验室的狭隘观念，将一些相关专业的小实验室进行优化整合，建成以学科类别为划分依据的综合性实验室，同时在教学进度的安排上要统筹考虑，避免出现"拥挤、扎堆"的现象，这样既提高了资源和场地的使用率，也避免了重复投资；而对于以实践、科研为

目的的实验室应根据教师的能力、素质以及学校的教学特色进行建设,扬长避短,最大限度地发挥设备经费的作用,避免一些昂贵的设备资源闲置。

另外,应建立实验室资源共享机制,将学院现有的实验室、仪器情况登记,实施在线管理,由管理部门根据实验室使用情况及课程进度合理调配资源,提高实验室利用率,同时也避免个别实验室过度拥挤的情况发生。

(二)建立健全设备申报采购制度

在实验设备采购的过程中,应加强源头管理。在尊重教师意见的同时,应对现有同类资源的数量、使用率进行充分考量,从实验内容与课时、课程规划、生源等方面论证设备采购的必要性和数量的合理性;而对于某些人、某个时期由于特殊需要申报的采购要求,应充分考虑其后期的使用前景,可以通过"外协"的方式解决一时之需,避免经费和资源的浪费。总之,在设备采购中应从全局出发,综合考虑,形成"教师申报、现状调查、远景分析、专家论证"的管理制度,最大限度地避免重复投资。

(三)加大实验室的开发,充分发挥实验室潜力

实验室首先应满足基本教学要求,在此之外各高职院校应鼓励学术水平较高、科研能力较强的教师积极开展科研项目,在提高教师科研能力的同时,利用科研经费完善实验室的建设;依托学校的高尖端仪器开展社会服务活动,既可以提高教师的业务水平和设备使用率,同时所得费用又可用于仪器的维护、配件和耗材的购置、升级改造和功能开发的支出;另外可借助企业力量,积极开展校企合作,针对共同感兴趣的项目进行开发研究,既节省了学校的资金投入,丰富了教学资源,为师生提供了一个实践的平台,同时也帮助企业解决了实际生产问题,实现校企双赢。

(四)积极开展各项培训,提高管理人员的专业水平

各院校要针对实验室管理人员进行定期培训,提高其业务水平,使之对其负责的设备做到"懂原理,懂构造,会使用,会维护",以延长设备的使用寿命;同时对任课教师应开展操作技能培训,使用时严格按照操作规范进行;对于一些精密仪器,购置后要严把验收关,采取专人操作、责任明确、制度完善等保障措施。只有做好设备的管理、维护,才能保证仪器的精确,最大程度地延长其使用

寿命。

实验室资源的优化配置和科学规范的管理是高职院校实验室建设的一个重要方向。建设过程中应契合高职院校自身的职业化特点，遵循本校的办学特色，在保证教学基本需求的前提下，加强校企合作和社会服务，挖掘实验室的潜能，提高仪器管理人员的专业水平，这样才能充分发挥高职院校实验室在教学、科研、人才培养方面的重要作用，提高投入与产出比例，最大程度地发挥教育资源的效益。

切实提高高职实验室管理水平，还需要从多方面入手，任重而道远。随着高职教育的进一步普及，实验室建设与发展对相关专业的人才培养将起着更加重要的作用。实验室的功能将会更加扩散，其纵向与横向的发展均需要倾入大量时间和精力进行研究。作为高职教育的各级管理者，尤其是教学第一线的教育管理者，更需要进行深入研究，勇于探究，不断总结，从中获取满足高职教育发展的基本规律。

第四章

高职院校实验室管理模式

第一节　发达国家高职院校实验室管理模式

一、实验室管理模式类型

国外高职院校实验室管理模式各异，主要有以下几种。

（一）隶属模式

根据学科发展需要，将实验室建立于各二级学院内部，实验室管理人员、教学人员以及实验对象主要来源于各二级学院内部。实验室由各二级学院领导直接负责，承担着二级学院的实验教学与管理工作，直接负责实验人才的培养、优秀实验教师的引进与实验仪器设备的管理。

（二）联合模式

联合模式依托于实验室，这种模式使跨学科成为可能，为培养复合型人才提供平台。为适应当前人才培养实际所需，跨学科交叉人才培养成为发展所需，各学院根据学院发展实际，联合几个学院建立国家重点实验室，充分利用学校的各种资源，发挥学科发展优势。联合模式设置专门的实验技术人员和办公室人员岗位，研究人员来自这些学院的在岗人员，许多在岗人员具有教师和实验人员的双重身份。该模式的实验室人才培养方案由几个学院教学负责领导牵头，实验资源与实验室平台均由几个学院共享。

（三）独立模式

独立模式的实验室作为高等学校一个二级行政部门，与其他各职能部门地位完全相同。独立模式的实验室由多个学科交叉，各具特色：有的集中人文社科类综合性实验，有的集中工科实验，有的集中理学实验。这种形式的实验室具有独立的人事权和财务权。

二、实验室管理模式特点

实验室管理模式各异，特点也各不相同。

第四章　高职院校实验室管理模式

（一）学科方面

隶属实验室管理模式下，因实验室依附于学院，基于某学院某优势学科而建立，所以极大地推动了该学院的学科发展。但从学科交叉角度来看，却不利于学科的全局发展。联合实验室管理模式和独立实验室管理模式的实验室集中依托学校的交叉学科优势，依托学校优势资源，积极促进学科发展。

（二）行政管理方面

隶属实验室管理模式与联合实验室管理模式没有独立的形式管理权，人事权和财务权依托于相关学院，特殊情况下可以放到不同学院。这种依托模式下，实验室主要承担着重要科研任务，基本不承担行政职能职务。独立实验室管理模式与各二级单位具有同等地位，人事权、财务权均由实验室独立完成。

（三）实验室自身方面

人才队伍建设方面。隶属管理模式的实验室无论教学人员还是实验室管理人员均来自各二级学院，无形之中导致了人才竞争力不强、人才队伍梯度欠佳的问题。联合管理模式的实验室根据学科发展需要，培养跨学科交叉人才，引进许多优秀交叉学科人才，人才队伍梯度建设较合理；但由于激励机制不健全，双重身份的实验教师责任感不强，直接影响实验教学效果。独立管理模式的实验室由于具有独立的人事权，便于引进优秀的年轻教师和先进的科研人员，增强了实验室管理的竞争氛围，从而激发实验室不断改进管理模式。

（四）运行管理方面

隶属实验室的隶属性决定实验室管理激励措施不足，核心文化和凝聚力不足。联合管理模式和独立管理模式的实验室具有较完善的运行机制和管理模式，从项目申报到科研奖励，从设备购置到设备维修，从内部事务管理到文化建设均有章可循。

第二节　国外高职院校实验室的管理特点

世界一流实验室的理念贯穿高职院校实验室建设始终。国外高职院校实验室管理一直秉承着高效、规范与务实的基本理念。高职院校实验室建设与管理经费由国家政府拨款，充足的实验室建设经费足以满足实验教学、科研所用；国外高职院校实验室管理模式相当规范，实验设备利用效率超高；同时，国外一流高职院校实验室建设和划分比较细致，许多实验室建设之初就本着专业突出与专业应用的原则，什么专业的学生走进什么样的实验室，及时淘汰旧设备，更新新设备，保障充足的实验教学和科研所用。

一、培养一流的国际实验实践人才

国际一流大学实验室从事实验教学的人员占整个教学人员的比重较大，具备完善的教学体系和完善的实验实践人才培养制度，具有严格的实验考核体系；国际一流大学鼓励大学生一入学就迅速走进实验室，进行实验实践学习，参与实验教师的科研项目，鼓励将科研成果迅速转换为实验内容，将培养满腹经纶的"书呆子"转变为动手能力强、实践本领高的现代优秀创新人才。在实验实践人才培养过程中，禁止走关系，逐个进行实验操作技能检查，不合格者严格按照学校规定进行补考或者重修。

二、引进一流的实验教师与实验技术人员

师资力量决定高职院校的办学水平。国际一流大学高薪诚聘国内外优秀教师，且国际一流大学的大学教授和实验教师在职称和薪酬上没有任何差别。为培养实践动手能力强的实验教师，这些高职院校鼓励实验教师引进研究生做助教，研究生在实验教师的带领下完成高职院校实验的各项教学工作。一方面实验教师可以把更多的精力投入科研工作中去，并将科研成果迅速转化为实验教学的重要内容；另一方面研究生通过做实验课的助教，既提高了动手实践能力，也开拓了思维方式，激发了创新和探索精神，为顺利步入社会奠定了坚实基础。

三、加大实验室开放水平，提升设备的利用效率

实验室作为实验实践能力培养的重要基地，鼓励学生培养"三勤"精神，即勤思考，勤动脑，勤动手。扩大实验室开放力度，培养实验教师和学生自觉登记、自觉保护机器设备的行为和习惯，要做到实验室常开放，这样才能提高实验设备的利用效率。

四、高度重视实验室安全，保护实验室环境

安全重于泰山，国外高校高度重视实验室安全与环境保护，由专人负责，尤其是有专人进行监督和管理。杜绝发现问题再解决问题的现象发生，将防患于未然的思想贯穿于实验室安全管理的始终，警醒管理者做好实验室日常的监督和管理工作。实验室安全管理、安全设施以及安全制度责任非常鲜明，甚至学生在实验室的安全都要求落实到相应的人负责。始终绷紧安全这根弦，形成安全理念无处不在、无时不有的安全意识。

第三节　国外高职院校实验室的管理经验

一、美国高职院校实验室管理经验

美国拥有世界最领先的技术，无论是在基础研究、先进技术创新，还是在科研产品研发方面，都占据世界领先地位。美国的基础研究绝大多数在大学实验室、联邦实验室、非营利性机构以及技术创新企业中进行。在美国，一些院校充分利用博士和博士后资源，鼓励学生入学就可以选择进入实验室，由博士和博士后作为学生的实验实习专业技术辅导老师，将学时进行学分核算，并将实验实习课业纳入奖学金的总评成绩；研究生成为学术科研的主力军，他们所从事的科研均在导师所在实验室中完成，避免了空洞的理论研究。美国一些院校要求研究生刚一入学就加入不同课题组进行实验实习，一年后导师和研究生之间进行双向选择，选定研究方向，并选定指导老师。实验科研成果均与学业奖学金紧密相关，激发研究生充分利用实验室从事科研工作，探索科研秘密的兴趣。

美国实验室通常包括国家级实验室、校级实验室和由某领域有突出贡献的教

授主导的普通实验室。但无论何种形式的实验室均为一个独立的主体，均由固定的实验室管理人员和固定的行政人员组成，以保证实验室正常运转；而实验室研究人员是流动的。教授日常除从事教学工作之外，申请和从事科研项目均在实验室进行，通过大量的实验获得充分的数据，并对数据进行处理和分析，得出最终的研究结论，从而不断推动前沿技术朝着国际化方向发展。

在美国，大学实验室研究领域比较单一，是一种非营利组织，集自由开放形式、自助形式以及专业职能化形式于一体，其科研经费主要来自政府、基金资助以及实体产业。大学实验室具有严格的项目预算，并按照项目预算体系进行项目支出，利用合理的绩效评价体系进行项目绩效评价，禁止一切行为的商业模式运作。虽然每个实验室的职能单一，但许多实验都是通过交叉实验室完成的，这样实验室科研涉及不同领域、交叉学科，成为综合型实验进行的重要场所。

为保证各实验项目顺利开展，经学校有关负责部门批准，各重点实验室成立学术咨询委员会，由5～7个资深教授、关键研究者以及相关主管部门成员组成，并定期召开会议。学术委员会在实验室建设与发展中发挥着重要作用。一方面，各实验室负责人定期向学术咨询委员会汇报实验室实际运行情况；另一方面，学术咨询委员会成员公开学科研究进展和学科研究方向，并及时修订实验室规章制度。实验室是科研成果的重要承担机构，因此，实验室负责人要设身处地地参与实验室课题研究，在熟悉领域中参与实验的设计、决策与方案的提供，做好科研人员与实验室技术管理人员之间的中间人，有效推动实验课题的进展。尤为重要的是，实验室负责人会第一时间将部分实验课题转化为推动实验室发展的可靠成果，更好地推动实验教学的开展。除提高实验室管理水平外，实验室责任人还会时刻关注不同层次、不同类型的专技工作人员的发展，鼓励他们自主申请科研项目，利用实验室资源进行相关项目的研究。作为一个独立的主体，实验室管理人员还会定期进行设备检测与更新，建立完善的实验室管理与财务管理制度，定期向上级汇报。

美国大学实验室除了专门承担一定的教学工作外，更多的是承担重要和重大的科研工作。无论何种情况的科研工作都需要在实验室展开，根据实验数据进行实验检验与分析，产生相应的实验成果并进行转化，从而更好地服务于实验室发展。美国大学实验室经费来源于政府，充足的经费来源可以保障各种实验设备的及时更新。也正是由于实验室建设经费主要来源于政府，因此美国大学实验室非常重视向社会、向公众开放，让更多的人享受到更多的实验资源，实现研究成果更好地服务于社会，促进社会快速发展。

实验室作为美国大学的一个重要组成部分，设置专门人员对实验室利用情况和实验室项目开展情况进行评估，重点对实验室安全和实验室项目进行评估，并利用科研绩效服务社会的水平来衡量其优劣。科研成果的利用价值通过利益相关者进行衡量，并与利益相关者进行充分的沟通与交流，探讨科研项目的成绩与不足，寻找改进实验科研项目的方法，包括实验室设备改进、实验室管理改进以及实验科研项目方法改进等，努力将科研成果与客户的需求紧密联系，最大可能地满足客户需求，提升实验科研成果的转换率。

二、日本高职院校实验室管理经验

为改变传统教学思想和教学理念，自20世纪90年代开始，日本对高等教育的课程体系和教育方法进行了全面、系统的改革。从传统的以单一教学为主的模式向现代的课程教学与科学研究模式转变，通过一系列的教育改革进一步促进多元教学评估体系的形成、完善与发展。

为适应当前高等教育发展所需，适应综合型和研究型人才培养所需，日本在课程设置上进行了大量改革。日本一改以教师灌输为主的传统模式，强调教学要紧紧围绕学生展开，形成"一切为了学生，为了学生的一切"的教育思想，以学生为主体，激发学生的课堂参与程度，使学生成为课堂教学的真正主体，形成完善的教学反馈系统，并进行充分的分析与改进，从而提高教学质量。

为提高学生的实验实践能力，各学院根据专业所需均设有相应的专业实验室，重点强调所有的实验课程必须在实验室准确完成，并要求研究生作为实验教学的第一辅导老师，指导、监督并协助实验教师高质量完成相应的实验教学。这种教学模式不仅提升了实验教学的效果，同时也极大地提高了研究生的综合素质。日本的教学方法和教材质量等也实现了与时俱进，具体体现在以下方面。

1. 教学方法方面

日本将体验式教学贯穿于高职院校教育教学的始末，通过学生亲自体验，建立学生的主人翁责任感，激发学生学习兴趣，挖掘学生科研潜力，培养学生创新精神，展现学生个性，激发学生潜在的探索精神。学院根据学生实际择业领域确定择业方向后，同专业领域每十名学生配备一名专业教师进行全程指导，不仅涵盖课堂教学，还涵盖业余时间的科研活动。为帮助毕业生顺利步入社会，日本高职院校规定最后一年的毕业设计全程在实验室进行。利用一年的时间巩固理论知识，形成理论知识与实践知识的衔接，使学生走出校园即可适应社会，减少社会培养时间，完成真正意义上的大学教学。

2. 教材质量方面

为适应社会发展需要，日本高职院校提高了学生的实验教学比重，不断更新实验教材与相关指导书籍，根据时代发展所需调整相应实验教学内容，根据实验内容及时修改实验教学大纲，完成真正意义上的实验计划。实验过程实现学生全程参与设计，并对实验内容和实验过程进行详细记录，对实验结果进行综合分析和讲解，这极大地激发了学生的自我思考、自我动手、自我探索以及自我创新精神。

3. 反馈体系方面

学而不思则罔，日本高职院校不只注重实验教学的过程，更注重实验效果的反馈。实验室以电子信息形式记录学生的实验室出入时间、每次实验内容、实验心得、出勤现状等，相应的实验指导教师会根据记录进行及时追踪、及时评价并及时反馈评价信息。

4. 实验室管理方面

日本高职院校实验室人员与实验教学指导教师责任分明，又相互协同。实验室人员负责实验初级阶段实验设备的调试、实验环境的提供与实验的收尾工作，实验教学指导教师指导学生完成整个实验过程，特殊情况可配备实验教师助理一起完成整个实验。

综上所述，日本的高职院校实验室管理模式确有许多可借鉴之处，我国高职院校实验室硬件设备基本与日本高职院校持平，甚至超出其水平，但在软环境方面还有很大的提升空间。另外，与日本高职院校实验教学相比，我国高职院校在实验室管理理念、实验课程的比例、学校重视程度、培养模式、培养体系以及培养效果等方面还有很多不足，仍需要取其之长，补己之短，不断提升我国高职院校实验室管理水平，共创高职院校实验室协同创新管理新模式。

三、澳大利亚高职院校实验室管理经验

澳大利亚高职院校实验室管理侧重于实验室安全，其实验室安全管理理念、协同运作机理以及规范的安全管理制度值得我国学习和借鉴。

(一)安全管理责任

澳大利亚大学的各个学院都有严格的实验室管理制度，并成立学院安全委员

会负责实验室的安全管理。高职院校实验室制定规章制度、指导教师的职业道德，制定实验室安全管理目标、实验室安全管理制度，形成师生相互促进、相互协同、共同遵守实验室安全管理制度的和谐局面。在高职院校实验室中，无论学校领导、老师还是其他人员进入实验室后均需明确自己的安全责任，并接受实验室管理人员的培训与监督，了解关于实验室安全的详细知识；同时实验室还建立了严格的登记制度，无论谁进入实验室都要先进行登记，否则禁止进入。

(二)建立严格的风险评估制度

风险评估制度是对实验室的全方位评估，根据客观评估结果，对实验室的安全进行评估，对实验室安全提出整改意见。澳大利亚的高职院校实验室评估在各二级学院的实验室展开，其评估结果作为实验室改造方案设计的依据，以保障学生实验的顺利开展。高职院校实验室进行风险评估的目的是让师生树立起"时时有风险，事事有风险"的意识，让每一位师生充分认识到实验室学习和实验室管理的潜在风险，需时刻谨慎，事先进行风险评估与防范。

(三)构建安全管理制度

澳大利亚高职院校的所有实验室技术管理人员、教师以及学生必须在入学后进行实验室安全课程学习，实验室专门的安全讲解教师对实验室安全进行讲解，学生进行书面的安全知识答题。根据各实验室的实际情况，由专门的急救人员负责实验室突发事件的处理。为更好地实施实验室安全管理制度，澳大利亚实验室建立了专门的实验室门禁制度，有专门的门禁系统和门禁卡。一旦实验结束，学生要及时上交实验室钥匙和门禁卡，并在计算机系统中进行相应处理。

(四)业余时间学生实验的管理

在非实验时间学生可以随时进入实验室进行实验工作，以培养学生的探索精神，提高其科研能力、动手能力。学生进入实验室必须严格登记相关信息，禁止进行任何形式的高风险活动。对于那些需要在实验室过夜的实验项目人员，必须在当天上午规定的工作时间内办理相应的登记手续，并将夜间进行实验的各种风险告知管理者，要保障实验仪器、实验设备以及各种实验人员的安全，并进行告知、签字，明确安全责任。

四、英国高职院校实验室管理经验

英国高职院校实验室主要为高职院校教学提供服务，但作为独立机构，英国高职院校实验室也从事独立的科研活动。高职院校实验室为教学、科研提供场所，并由掌握专门技能的实验室管理人员进行管理。高职院校实验室建设经费由政府财政进行拨款，但日常经营管理由高职院校实验室直接进行，政府不直接干预；与此同时，英国高职院校实验室还接受企业以及慈善部门对科技与实验室建设的投入。

英国高职院校实验室作为独立部门，由实验室理事会、实验室执行委员会以及实验室监督委员会组成，分别对实验室进行决策管理、执行事务管理以及对实验室的财务、安全以及规章制度进行监督等。虽然由三个部门组成，但实验室实行独立或相对独立的管理。由于资金绝大多数由政府资助，所以英国高职院校实验室实施开放式管理，著名科学大咖和优秀的工程师带头人引领实验室的发展，负责培养跨专业、交叉学科的人才，实验室的绩效水平接受同行专家评估，为实验室今后的发展奠定了坚实的基础。

第四节 国外高职院校实验室管理对我国高职院校实验室管理的启示

一、重新审视高职院校实验室在人才培养中的重要作用

发达国家高职院校实验室管理各有千秋，承担着重要的教学与科研任务，尤其是承担着重要的科研任务，具有务实性强、管理规范、效率高的鲜明特色。

（一）政府高度重视实验室文化建设

国外高职院校实验室有一个共性就是政府投资，政府拥有充足的资金，且高度重视实验室文化建设、实验室环境建设、实验设备的更新、实验设备的利用效率。

(二)严格划分高职院校实验室功能

国外高职院校实验室根据学科划分详细,通常情况下一个实验室进行同一研究方向的实验,设备更新及时,性能超强,且根据各实验室的特点配有专门技术人员进行设备维护。

(三)承担重要科研项目的场所

国外高职院校实验室除进行正常实验教学外,还有一个非常重要的功能就是进行科学研究,通过科学研究培养社会所需的高层次人才,培养交叉学科高端人才,鼓励多群体协同创新能力的培养,使实验室资金投入产生巨大的社会效益,提高学校的社会信誉。

二、高度重视实验教学,注重特色鲜明的专业人才培养

发达国家高职院校高度重视实验教学,实验室不仅是进行实验教学的场所,更是进行科学研究的摇篮。很多高职院校对刚入学的大学生进行实验室的相关知识培训,特别强调实验实践对大学学习生涯的重要作用,强调大学生进入实验室越早,从事实验时间越长,则实验科研成果越丰富,鼓励他们将科研成果进行迅速转化,从而更好地服务于实验教学和实验室建设。

(一)实验教学占据高职院校教学的重要地位

发达国家高等教育中实验课学时与理论课学时比例恰当,且与理论课具有同等重要的地位,具有严格的考核制度,占有同等重要的学分。与理论课一样,实验课前要求学生提前查阅资料,并进行实验课程的考试;对于多人一组的实验课,对每个学生的实验操作能力均进行详细考核,然后各组成员互相讨论,让每一个学生都得到充分锻炼。

(二)培养特色鲜明的实验专业人才

发达国家著名大学的实验室以大三、大四的学生和研究生为主,根据确定的实验研究方向进入相应的实验室研究团队,进行实验研究与设计,利用优越的实验室环境和设备进行项目的开发与研究。

三、重视实验教师和实验室技术人员的提升与管理

发达国家的实验室通常聘请欧美实力雄厚、素质高的优秀教师，确定实验教师与理论教师具有同等的待遇和晋升机会。高职院校实验室技术人员作为实验室正常运行的重要保障，负责实验的事前准备、事中维护、事后整理等工作。这些实验技术人员深受实验室重视，他们的工作成为实验教学与科研开展的重要基础。

四、高度重视设备仪器的更新与实验室开放工作

发达国家高职院校实验室由政府出资，保证实验室具有充足的经费，同时由于实验室肩负重要的科研任务，及时更新设备对于减少因设备陈旧影响科研的效果和进程有着积极作用。国家重点实验室成为政府重点资助对象，鼓励研究人员多出优秀研究成果，并迅速转化，推动高职院校和社会的快速发展。同时，高职院校实验室设备仪器采购具有严格的程序，实验设备的更新计划由实验室负责人提出，由学校实验设备委员会进行审批，一旦批准，实验室负责人即可进行仪器设备的购买。由于实验室设备的购置由政府出资，为提高实验设备的利用效率，创造更多的价值，高职院校实验室采用开放式运行模式，但会对开放进行严格管理。

五、高度重视实验室的安全和实验室环境保护工作

（一）实验室安全高于一切

发达国家高职院校非常重视高职院校实验室的安全工作和环境保护工作。实验室制定严格的实验室安全管理规定，并由专职人员进行实验室日常安全的管理与维护工作，将安全隐患扼杀于萌芽状态，从细微之处着手，严格避免出现安全隐患。学生踏入实验室大门之前均进行严格的安全培训，并且将学生的安全教育责任明确到人，充分体现以人为本的实验室安全教育管理模式。

（二）实验室环境建设的重要地位

实验室环境建设成为实验室建设必不可少的环节。为了保障实验科研"36524"（365天24小时）运行模式的顺利开展，发达国家实验室均配有良好的照明、通

风等基础设施，对实验中产生的污染物进行及时处理，保障实验室无异味，为实验教学和实验科研提供了良好的实验环境。

六、独具特色的管理模式和评估体系

（一）发达国家高职院校实验室的特色管理模式

发达国家教授的基本任务是完成对学生和研究生的教学工作，同时还要对学生和研究生进行论文和科研指导，这是衡量教授是否称职的基本标准。这些高职院校都有自己的人才梯队培养模式，学生入学后不久即进入实验室进行科研工作，由博士后和博士研究生作为他们实习实验技术的第一辅导老师，减少师生之间的代沟。博士后和博士研究生通过指导学生能获得更多的经验并反馈到科研领域；学生通过实验科研获得一定的学分，为获得奖学金提供了可能。

（二）发达国家高职院校具有严格的实验科研评估体系

发达国家高职院校实验科研成果的评估和科研项目的申请具有同等重要的作用。实验项目的申请扩大了学校知名度；实验科研项目的评估在充分肯定实验科研成果的基础上，能够寻找不足，为下一次实验课题的开展奠定基础，推动实验科研成果迅速转化，从而更好地促进实验教学的开展与实验科研的深入研究。

总而言之，发达国家实验室的建设与管理是各主体协同合作的结果，不同国家的高职院校实验室建设与管理各有千秋，尤其是国家级实验室的地位和功能值得我国高职院校实验室进行借鉴和学习。发达国家高职院校实验室各职能部门相互合作，以此促进实验室资源被充分利用，协同政府、企业、慈善基金和非营利组织共同促进实验室发展。高职院校实验室要想发展得更好，就需要借鉴其他高校的管理经验，不仅需要有良好的实验教学与科研团队，同时也需要对实验科研成果进行严格评估。因此，发达国家实验室的建设与管理经验值得我国高职院校实验室管理人员借鉴。

第五章

高职院校实验室协同创新管理机制构建

第一节 构建的指导思想和基本原则

相关制度中指出,创新是我国经济和社会发展的第一动力。当前我国经济发展面临着诸多发展难题,破解这些难题,关键在于提升产业创新升级;而产业的创新升级离不开创新型人才的培养,具有创新性思想萌发的高职院校实验室成为培养创新型人才的重要摇篮。不仅要承担实验教学、人才培养以及科研的重要使命,还要大力推进资源的共享与开放,这是高职院校实验室完成历史重任的重要途径。在人才培养过程中,哲学思想要贯穿始终。

一、高职院校实验室协同创新管理机制构建的指导思想

(一)解放思想,实事求是

市场经济发展要求大胆探索,勇于创新,解放思想与实事求是相辅相成的。实验室创新性管理离不开这一客观发展规律,本着一切从实际出发、实事求是的解放思想,按照高职院校教育教学改革的基本规律,团结各方可以团结的力量,利用创新性思维进行高职院校实验室的建设与改革,是实现高职院校实验室协同创新管理的重要前提和基础。

1. **思想改革,促进实验室教学水平提升**

高职院校实验室有着实验教学、科学研究、人才培养等方面的重要作用。实验室的建设与改革是高职院校实验教学思想提升的重要前提,要充分认识到实验室在高职院校教育教学中的重要作用,端正解放思想、实事求是的态度。

2. **与时俱进,实现制度和政策创新**

与时俱进作为高职院校教育改革的重要保障,要求高职院校实验室紧紧围绕教育规划目标,开拓进取,实现制度和政策的双突破。

(1)制度创新。制度不是一成不变的,应随时代发展不断进行变革。高职院校实验室制度建设受到法律保护。在制度建设方面,在法律允许范围内,建立有法可依的实验室管理制度。当然仅有制度还远远不够,更要注重实验制度的落实与管理,改革制约实验室发展的不合理的规章制度,为实验教学人才培养和科研人才培养提供广阔的空间。

(2)政策突破。为防止僵化政策束缚高职院校实验室发展，需突破现有政策体系，建立新的、宽松的政策体系，推动高职院校实验室建设步伐，促进实验室管理队伍建设。

（二）永恒发展，积极合作

1. 用系统联系的方法指导高职院校实验室工作

实验室建设、发展和管理统一于一个整体，必须遵循其自身的特点，在思想上高度重视，用系统论的思想进行规范，更好地指导高职院校实验室的改革与开放。

(1)建立全局观。立足发展，放眼未来，高职院校实验室的管理必须着眼于大局，将全局观贯穿于实验室建设与管理的始终。

(2)建立实验室层次性管理。将一般实验室、综合实验室、重点实验室与专业实验室进行层次划分，促使高职院校实验室向着多元化、多层次、全方位方向发展。

(3)实施实验室全面开放。实验室开放是当前教育改革的重要组成部分，是提高高职院校实验设备利用率的重要保障。有利于实验室更好地服务于教学与科研，充分优化实验室资源，充分挖掘高职院校实验室的最大潜能。

2. 坚持用发展的观点认识与指导高职院校实验室工作

高职院校实验室指导工作是矛盾的共同体。高职院校实验室管理过程是实验室发展过程的实质性内容，为实验室教学成效的提高和科研的顺利开展奠定了基础。高职院校实验室管理过程中会出现各主体之间的利益之争，管理过程中会产生各种矛盾，因此高职院校实验室需要严格的管理制度来制约这些矛盾，从而使实验室工作顺利进行。

3. 把握有利时机，加快实验室发展

利用当前高职院校实验室的发展条件，抓住实验室建设的发展机遇，促进实验室更快更好地发展。实验室的建设与管理成为实验室发展的硬道理，探索实验室的发展规律，按照事物发展规律客观地去管理实验室，选择适合实验室可持续发展的道路。

（三）以人为本，科学管理

1. 以学生为中心

高职院校实验室管理的根本是以学生为中心，应建立始终为学生服务的意识。在实验室的建设与管理过程中，紧紧围绕学生的需求进行科学管理，坚持全心全意为学生服务的理念。

2. 加强实验室文化建设

高职院校实验室作为教育与科研的重要基地，创新性思想和创新性文化决定着实验室发展的前途和方向。创新性文化的产生激发高职院校实验室不断改变传统的管理模式，激发各创新主体协同一致形成良好的实验室创新管理氛围，激发学生创新性思维的形成，取得更丰硕的创新成果。

3. 科学管理

实验室建设、发展与管理涉及众多群体，必须有效协同各方力量，优化各方管理资源并进行科学管理。培养和创建积极上进、锐意进取的实验室管理人员队伍；通过实验室高效协同管理构建教学与科研协同的梯队管理模式，制定适合实验室可持续发展的管理制度，统筹各方管理利益，提高实验室管理效率，推动实验室整体管理水平和创新能力的提高。

4. 建立终身学习制度

（1）制定学习目标。高职院校实验室管理以优化实验教学为基础和前提，以培养学生的实践能力和创新能力为最终管理目标，以提高学生的综合素质为出发点和归宿。

（2）构建良好的学习平台。高职院校实验室管理以提高实验教学仪器设备的利用率为重要前提，为实验室建设创造一个再发展的平台。高职院校实验室开放不仅为本校教师提供服务，还应为全校学生提供良好的开放实验实习服务，开放科研平台，培养学生创新能力；也应为其他高职院校的师生提供开放服务；同时为社会提供开放服务，让社会充分了解学校人才培养的主旨。

（3）综合素质培养的基地。高职院校实验室是知识传播与智力开发的重要基地，是观察与动手能力培养的先进工具，是学生科学素质和品质养成的摇篮，更是因材施教与个性发展的重要载体。

二、高职院校实验室协同创新管理机制构建的基本原则

（一）以服务社会为根本原则

竞争遍布社会的各个角落，高职院校也不例外。在竞争日益激烈的今天，高职院校之间的竞争也日渐凸显。高职院校实验室的硬件超前、软服务优秀，实验室的信誉就会更加突出。伴随高职院校实验室管理工作的进一步规范，实验室技术服务人员的服务意识、服务态度以及服务水平决定实验室的发展前途和命运。实验室是培养高端人才的重要场所，而高端人才的数量和质量影响着科技进步的步伐。近年来，新加坡实验室提出的"三件"工程引起业界高度关注，即软件、硬件和心件，软件和硬件通过实验室的表观体现出来，摸得着，看得见；"心件"特指实验室的软服务，它不是为荣获更多业绩所做的表面工作，也不是空有虚名的口号，而是作为一个实验室技术和管理人员每天应该做的事情。这看似简单的工作，却蕴含着极大的哲理，体现了实验技术人员和管理人员的素质，体现了实验室整体管理水平，也恰恰与当前社会第三产业的发展紧密吻合。

作为实验室一线的管理从业人员、实验技术人员和实验室管理者，尤其应该注意日常点滴。始终把服务教师、服务学生和服务社会作为工作的出发点和立足点；始终把人性化服务放在首位，做到心到、眼到和手到，牢记微笑服务和热情服务为服务之本；始终把教师、学生和社会满意作为工作的着眼点，掌握实验室管理最前沿的政策，掌握实验室前沿管理技术，让服务成为一种新常态。

（二）以规范化管理为标准的基本原则

看似非常简单的高职院校实验室日常管理，在实验室正常运转过程中发挥着至关重要的作用，要避免管理过程中的不严格、不规范带来的安全隐患。高职院校实验室的安全与质量是实验室的生命线，实验室的科学和规范管理是实验室建设和发展的源泉。为此，实验室应建立严格的规章制度，包括实验室安全管理制度、教学制度、进入实验室制度、开放管理制度、财务管理制度、实验室废旧化学品管理制度、资源共享管理制度等。

高职院校实验室管理中人文社科类实验室按照实验室规范进行管理，注意日常用水、用电安全等；对于多人计算机基础实验室做好全天候开放的管理，尤其是 24 小时开放的实验室，要做好无实验管理人员在场的实验室防火、防电工作；

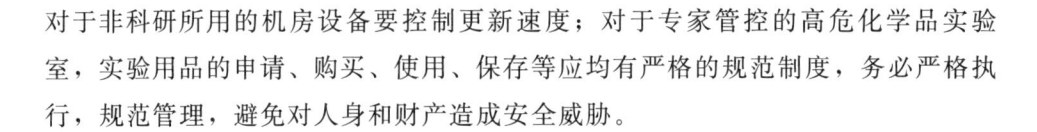

对于非科研所用的机房设备要控制更新速度；对于专家管控的高危化学品实验室，实验用品的申请、购买、使用、保存等应均有严格的规范制度，务必严格执行，规范管理，避免对人身和财产造成安全威胁。

（三）以资源优化配置和推进创新学习为指引

高职院校实验室不仅是理论教学的辅助机构，更是科学研究、推进科学管理创新的重要基地，是推动实验教学与科研的重要窗口。实验室的建设与管理本着"有容乃大，创新则强"的发展理念，其中"有容乃大"是指跨学科之间的相互包容，跨学科人才之间的相互学习，跨学科资源之间的相互整合。当前各高职院校学科涉及知识面宽，具备扎实的学科基础，因此构建多学科交叉融合的高职院校实验室，成为当前高职院校实验室建设的特色，突出体现了高职院校的教育特色。只有包容各学科发展，才能使跨学科实验成为可能。各学科交叉发展成为学科创新的法宝。

每个实验室都应有其专业的研究方向，太多、太杂不利于专业的培养，也不利于实验室特色的体现；但是闭关自守、闭门造车也不利于实验室创新水平的发挥。因此高职院校实验室在保证专业教学的基础上，本着学科交叉、人员配合、资源共享的原则，突破实验室管理局限，用创新性思维加强高职院校实验室管理。

（四）培养高端创新人才

高职院校实验室虽为教辅机构，却远超出教辅的作用，不仅承担着实验课程的教学与改革责任，更重要的是通过学生的实验实践过程，培养国内领先、世界一流的科研人才，真正发挥高职院校实验室人才培养和高端人才选拔的功能。高职院校实验室不仅培养和选拔高端人才进行更多科研研究，以更好地推动科技前进的步伐，更重要的是将实验科研成果进行转化，变为社会进步的强大动力。可见，高职院校实验室是孕育科学、产生科学成果的重要摇篮，不仅通过创新平台吸引高层次人才涌进，还通过高水平科研活动为社会培养高层次科研人才，并同时为人才创新提供良好平台。

（五）以协同创新为保障

高职院校实验室不是简单意义上的实验课程的场所，它是教学、科研、人才培养的协同创新机构。政府作为高职院校实验室建设资金的提供者，作为协同创新的领导者和组织者，为高职院校的创新科研提供足够的资金；企业和社会其他组织作为校企合作的引领者，为学生的社会实践提供良好的实习基地，为学生创新能力的实践提供场所；高职院校实验室既是实验教学的基础，也是学生创新能力得以实现的重要保障。各创新主体相互协同，成为高职院校实验室外部协同创新的基础。

高职院校实验室除发挥外部协同创新作用外，还成立专门委员会推动高职院校实验室的建设与改革。委员会由科研人员、实验室管理人员、各二级学院代表、资深专家和教授、教务处管理人员等组成，实验室的正常运转是各委员会成员相互协同运行的结果。

第二节 协同创新实验室构建的目标

一、高职院校实验室协同创新的理念

创新是高职院校发展的不竭动力；自主创新能力的提升是高职院校教育教学改革的重要目标；创新性思维的拓展以及实践创新能力的提升是当前高职院校教育教学的关注点，是高职院校人才培养的落脚点。高职院校实验室成为实现教育改革这一目标的关键，但实现这一目标不是某个人、某个学院或某个实验室能完成的，这就要求高职院校实验室应加强各机构之间的协同创新管理，引导和促进协同创新，让每个机构的优势得以充分发挥，整合各机构资源优势，促进各协同创新主体间的密切配合，将优质资源进行整合，产生合力大于单一力量的效果。

高职院校实验室作为人才培养的重要基地，既要利用好校内各种资源，也要利用校外各利益主体的优势资源，实现内外资源融合的创新型人才培养的目标。既要实现实验室的某一发展目标，又要协同实现跨学科、交叉实验室的发展目标。各相关实验室之间利用彼此的资源优势形成相互协同意愿，推动实验室协同创新进程；政府、企业和其他非营利机构等校外各利益主体摒弃各种利益壁垒，突破各种思维约束，通过各利益主体的相互协同，共同促进高职院校实验室的协同创新发展，让实验室成为实验教学、人才培养与科学研究的摇篮，创造更多成果，推动社会科技进步和生态文明发展。

二、高职院校实验室为人才培养和社会进步搭建协同创新平台

高职院校实验室协同创新参与主体众多，发展目标各异。多样化主体和多发展目标要求通过高职院校实验室平台共同促进高职院校教育教学改革，不断产生新的研究成果，为教育教学的提升搭建协同创新的坚实平台。高职院校各实验室根据专业培养特色，提高特色人才培养能力和特色办学效果，强化特色专业培养与人才跨学科培养相结合，鼓励高素质人才引进来，走出去。这既能带动学校内部实验教学和科研效果，也能提升各高职院校之间人才培养和科研成果的相互交流，最终通过实验室这个协同创新平台，加大高职院校与其他高职院校、政府、科研院所、教育机构及其他非营利组织的深度融合，建立实验科研和人才培养的资源共享、利益共分的协同创新平台，促进高职院校和社会不断进步。

三、优化高职院校实验室协同创新的过程

高职院校实验室在当前高等教育中的作用不可小觑，但实践证明单一的实验室发展不利于高职院校教育教学改革的进展。当前实验室面临着功能不能充分体现、实验室利用效率低下、实验资源浪费等诸多困境，充分利用高职院校实验室这一协同创新平台，是实现实验实践型人才培养目标的基础。

在高职院校实验室运行过程中，博士后和博士研究生辅导实验工作；学生积极从事科研工作；教授从事教学与实验科研工作；实验教师申请科研项目，从事实验项目研究，接受科研成果绩效评价；学术委员会对实验项目科研的进展进行评估，制定实验项目的研究方向，监督实验室规章制度的执行情况。实验室主任定期汇报实验室运转的基本情况以及存在的问题，起到联系实验科研工作者、实验室技术人员、实验管理人员的桥梁和纽带作用。学校成立专门委员会对实验成果的绩效进行评价，这是实验室内部协同的优化过程。实验室外部协同过程包括政府资助实验室建设，政府支持企业参与高职院校实验室合作协同育人项目，支持慈善机构的资助，支持外部协同主体间的密切配合等，共同推动高等教育教学改革进程，促进高职院校实验室实验实践人才协同创新培养机制的形成与优化。

四、探索高职院校实验室协同创新机制

高职院校实验室协同创新的过程是高等教育改革的强大动力，其实现需要机

制的引导与协调，重要的是各创新主体形成自愿联盟，遵循协同的联盟协议，合理分配各利益主体间的利益，制定各主体的运行原则、运行方式以及运行原理。高职院校实验室协同创新管理以实验室的建设与管理为核心，实现各主体相互牵制、相互协同的发展目标。

五、提升高职院校实验室协同创新绩效水平

高职院校实验室管理以各创新主体内外协同为出发点，以提高投入产出水平为归宿，提高重点实验室大型仪器设备的利用水平，提高实验教学水平和科研水平，更好地服务社会。伴随教育改革的不断推进，高职院校办学水平高低不仅仅局限于理论教学，实验实践教学已成为衡量高职院校办学水平的重要指标；理论教学水平、实验教学水平、高职院校科研成果、学生就业质量等成为衡量高职院校能否可持续发展的重要指标。竞争成为高职院校实验室建设与管理的强大动力，促使实验室不断提高管理水平，产出更多科研成果，培养出更多实验实践和创新能力强的学生。协同是高职院校发展的凝聚力，是各方相互协作的结果，是高职院校实验室创新管理的动力和源泉。

高职院校改革的一个重要方向是如何实现以最小的资源投入产生最大的经济效益，高职院校科研成为衡量这一经济效益的重要指标，而高职院校实验室也恰恰成为实现这一目标的重要场所。高职院校实验室管理凝聚了各方力量，是高职院校实验室内部、高职院校职能部门、跨学科实验室以及外部其他各因素相互融合的结果，需要政府尤其是教育主管部门提供更多的政策支持和制度支持，激发各创新主体的活力，凝聚各创新主体的力量，为实现高职院校实验室协同创新管理注入更多活力。

六、营造高职院校实验室协同创新氛围

协同创新既要实现资源的最小投入，降低环境带来的负面影响，也要紧密围绕协同创新的整体目标，促进各创新主体和创新要素相互协作，相互补充，相互配合，共同实现高职院校实验室的创新管理，发挥高职院校实验室实验实践教学与科研产出的功能。高职院校实验室内部管理各异，从事的实验和科研内容也各不相同，但要充分利用各实验室的优势，增强教学、实验与科研的密切配合，营造高职院校实验室对外自由开放、激发创新热情、宽容失败的良好创新氛围；形成拼搏进取、互助合作、敢于挑战、勇于奉献的协同创新的文化环境；突出协同

和创新在高职院校实验室管理中的重要地位；强调"协同"是高职院校实验室发展的重要动力，"创新"是高职院校实验室发展的重要源泉。要本着在协同中激发创新的原则，在创新中实现更高层次的团结合作，共同促进高职院校实验室发展，产生更多的科研成果，再服务于高职院校发展，促进社会经济繁荣与稳定。

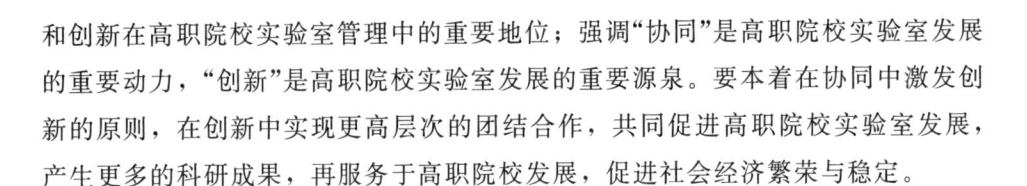

第三节　高职院校实验室协同创新机制的构建

构建我国高职院校实验室的协同创新管理机制需要借鉴其他国家重点实验室的成功经验。将我国高职院校的国家级实验室与实验教学、科研机构、企业以及其他非营利组织紧密联系在一起，发挥各自优势，取长补短，共同解决科技前沿问题，解决经济发展的热点和难点问题。高职院校实验室的协同合作可以是合作研究与开发、资助科研设计与开发、实施大型设备开放、提升技术服务水平等。高职院校实验室协同是内部协同与外部协同相互作用的结果。

一、高职院校实验室的内部协同机制

高职院校实验室是一个综合平台，集人才培养、实验教学和科研于一体，要完成这一目标，需要相关学科与相关科研人员集聚在一起，共同谋划发展。既需要高职院校实验教师、该领域的科研人员、跨学科科研人员、实验技术人员的参与，也需要学生的积极参与。攻克某一研究课题，需要内部各参与主体的积极配合、相互切磋，需要多学科交叉合作的科研团队共同实现。在科技快速发展的今天，开展内部各创新主体之间的相互合作、协同创新成为高职院校开展科研的重要组织形式。

二、高职院校实验室的外部协同机制

高职院校实验室成为高等教育的重要组成部分，需要政府、企业与产业、兄弟院校、科研院所以及国际一流研究机构相互协作。

（一）政府与高职院校实验室协同合作

政府为高职院校实验室建设提供强有力的资金支持。高职院校重点实验室的财务费用包括实验室的建设经费、开放运行经费以及科研经费等，其中政府作为高等教育资金的主要支持主体，负责实验室建设经费的全面拨款；开放运行经费绝大多数由政府财政拨款，其余经费采用自筹形式；而科研经费以项目申请形式为主，由政府资助，其科研成果回馈社会，产生更大的经济效益。伴随科技强国战略的进一步深化，中央财政设置国家重点实验室专款专用建设经费，加大实验室开放力度，缩短大型仪器设备更新周期，加强自主创新研发投资。

政府良好的制度环境有助于高职院校协同创新的开展。政府作为最具权威的机构，为高等院校、企业和科研院所协同创新提供法律保障。作为制度的制定者，我国政府可借鉴发达国家的成功经验，由政府出台法律，提供资金保障，以保障高等院校实验室科研、企业以及非营利组织联合申请专利；政府作为资助方，通过合理的制度激励形式，鼓励高等院校、科研院所以及企业之间合作，共同加快技术创新的步伐，促进经济社会的繁荣与发展。

构建资源共享的制度平台，促进国际合作与交流。政府作为各项制度的制定者，鼓励高职院校实验室优质的科研资源以开放形式实现共享，尤其是大型仪器设备的共享，提高大型仪器设备的使用率，创造更多的价值。这些制度加快了我国高职院校实验室的建设速度，提升了我国重点院校重点实验室的科技水平和国际知名度。

（二）高职院校实验室与企业的合作

在完善法律保障的基础上，企业根据实际加强与高职院校实验室、科研机构以及其他非营利组织的合作，形成实力雄厚的产学研协同的科研共同体，提升科技创新水平。

（三）不同高职院校实验室协同合作

不同高职院校实验室之间建立联合研究基地。为提升高职院校实验室科研水平，实验室与大学之间、实验室与科研院所之间的协同合作成为新常态，形成优势互补、相互促进的良好合作新格局。

建立不同高职院校实验科研项目之间的合作。利用不同高职院校的学科特色和实验资源差异，完成跨学科科研项目合作，既节约了重复投资的成本，同时也加强了兄弟院校之间的友谊，为更广阔的教学与科研合作打下坚实基础。

建立兄弟院校的科研交流机制。通过科研信息链接网络，将国内外著名高职院校的重点实验室、大学以及重点科研院所链接起来，便于高职院校间进行教学与科研的交流与合作。

三、高职院校实验室的内外协同机制

协同是子系统之间相互协调，实现由无序向有序转变的过程，其目标是实现"1+1≥2"的协同效应。协同有助于高职院校实验室充分利用学校内部资源，同时还充分利用政府、企业和产业、非营利组织以及兄弟院校之间的所有可利用的资源，超出原有单一实验室的作用效果。当高职院校实验室内部混乱无序时，协同创新效应无法实现；当高职院校实验室具备完善的内外协同创新环境时，内部机制与外部机制能够有效协同，共同提升高职院校实验室的利用效率，挖掘实验室最大的教学与科研功能，促使其最大效用的发挥。

高职院校实验室协同创新管理是内外协同作用的结果。政府激励与监督高职院校实验室提升创新效率水平，积极改善实验室管理现状，在高职院校竞争日益激烈的今天产生更大的经济效益，实现资源最大利用、效益最大产出、高职院校可持续发展的"多赢"目标；企业为高职院校实验教学提供更多的实践场所，将课堂理论和实践构想转换为实践科研成果，同时企业也是实现产学研协同育人目标的重要基地；科研院所与高职院校实验科研的有机结合为当前科学技术注入源源不断的活力，为弥补高职院校实验室全职科研人员的空缺，科研机构利用科研人员优势促进高职院校实验室产生更多优秀研究成果；兄弟院校的实验室资源为本实验室科研的发展提供最大的补充，当前跨学科、跨专业科研成为一种主流，此种情况下高职院校实验室与其他院校紧密的教学与科研交流、沟通与合作大大提升了高职院校实验科研管理水平，创造出更多的科研成果；国际一流大学重点实验室的经验交流与借鉴成为推动我国高职院校实验室建设与发展的强大动力，科研成果的引进和实验室先进管理模式的借鉴成为我国高职院校实验室协同创新管理的强大支撑，促进了高职院校实验室的可持续发展。

可见，高职院校实验室协同创新管理成效既离不开高职院校内部各职能部门的相互支持以及学生的积极参与，也与同政府、产业、企业、科研院所、兄弟院校等合作以及国际一流重点实验室的经验借鉴密不可分，二者有机结合成为推动高职院校实验室可持续发展的强大动力，成为高职院校实验室协同创新管理的有力支撑。高职院校实验室协同创新管理的实现是内外部影响因素协同作用的结果。

第四节　高职院校实验室协同创新管理模式的运行机制分析

协同创新本质上属于管理创新。通过机制的创新及其机制的有效运行促进管理创新，实现协同创新各主体的资源互补与整合，推动资源对外开放的共享程度，提高资源利用效率和创新水平。高职院校实验室成为培养创新型人才的重要基地，肩负着实验教学、人才培养、科学研究以及对外开放的社会服务等职能。

高职院校实验室成为协同创新培养人才的重要发源地，高职院校实验室优质资源成为推动高职院校实验室创新管理的推动力，充分利用各主体协同创新的重要平台，通过优质资源与创新技术共享，将实验室管理推向新的水平。协同创新管理不仅推动高职院校实验室人才培养质量和科研水平提升，促进高职院校教育体制不断优化，还提高各创新主体的创新能力，促使新技术和新产品的诞生。作为协同创新活动的基础，高职院校实验室是实施协同创新的关键因素，实验室资源的高效利用成为实验室协同创新管理的重要支撑力和推动力。

一、高职院校实验室协同创新管理的动力模式

动力机制是实现高职院校实验室协同创新管理的重要前提和基础，既能有效促进高等教育改革步伐，又能推动各创新主体之间的相互协同，实现高职院校实验室协同创新管理。高职院校实验室协同创新管理既是外部政府、国际一流重点实验室、企业与产业、兄弟院校之间相互作用的结果，同时也是高职院校内部各实验室之间、教学管理部门、高职院校师生之间密切配合的结果，是一个动态的、非线性的、全方位多角度的作用过程，这个作用过程涉及高职院校实验室内外协同的各个影响因素之间的互动与相互转化。尽管协同创新各主体之间是为了各自的利益目标而成为从事这一活动的动力源泉，各创新主体目标的动力各异，扮演角色各异，但总体目标都是为了提升高职院校实验室协同创新管理水平。

（一）协同创新理念引领协同创新管理机制

协同创新理念引领协同创新管理模式，决定管理的方向和趋势，体现资源共享的价值准则。协同创新的目的是不断推进高职院校实验室管理模式的优化，扩

大高职院校实验室发挥作用的范围,引领教育改革的方向。当前我国绝大多数高职院校实验室的功能过于单一,甚至许多高职院校实验室仅仅作为简单的实验教学使用,更谈不上科学研究了。高职院校实验室协同创新的理念打破了传统的发展模式,将协同、开放、共享、集成与融合集聚一体,以多维度、多视角、非线性、开放性思维促进协同创新主体互动合作。有别于通常的实验室管理,高职院校实验室协同创新管理需要实验室技术人员、本硕博等学生群体、科研人员进行合作,同时还需要政府、企业与产业、科研院所以及国际一流重点实验室的支持与合作。因此,协同创新的理念有助于提升高职院校实验室协同创新管理水平,有助于提供开放的实验环境和科研场所,有助于推进教学改革进一步深入,有助于提升高职院校的国内外竞争实力。总之,高职院校实验室协同创新管理实质上是各创新主体内外协同的过程,因为单一发展模式很难适应当今教育的发展趋势,协同合作才是发展之本。

(二)协同创新战略引领协同创新管理机制

高职院校实验室协同创新管理战略发展是保持协同的长期、全局、可持续发展的关键,长期以来成为协同创新管理的一种管理理念,是高职院校实验室各创新主体之间进行资源最优整合的基本原理,是实现实验室资源的最充分利用,实现实验室发展的战略目标。高职院校实验室的战略协同是为了实现实验教学或科研而对各创新主体之间运作模式进行协调,使相互促进,系统结构有序、合作顺畅、成果丰硕的发展战略。

长期以来我国高职院校实验室发展主要靠政府的投入、企业与产业的需要引导以及高职院校的支持而不断前进,但这三者之间都有各自需要达成的利益目标,很难形成长期的协同战略,产生长期的协同效应。因此,高职院校实验室协同创新管理过程是一个非零和博弈的过程,用各创新主体间的合作、协调与协商表示对抗,目的是寻求能使协同创新各利益主体之间获得最大效用的"全赢最佳非零和博弈"策略。政府作为高职院校实验室建设的投资者希望其投入能带来最大的产出,通过实验室科研投入产生更多的科研成果,并很好地回馈于社会,促进社会科技进步;企业、产业在与高职院校实验室进行科研合作的目的是利用高校的师生资源为其带来更高的技术,产生更高的经济效益;高职院校对实验室的支持目标是希望通过实验室教学与科研提高对社会适应能力强、创新能力高的当代社会人才的培养,实现教育教学改革的目标。

第五章　高职院校实验室协同创新管理机制构建

高职院校实验室协同创新管理的终极目标是培养具有现代素质的科研能力强的创新型现代人才。高职院校实验室教学是培养实验能力和创新能力强的现代人才的重要基础，因此，各协同创新主体参与、明确相互协同的发展战略，才能实现社会、企业与产业以及高职院校协同发展，实现资源的最大化效益。高职院校实验室协同创新管理战略协同只有战略统一、目标明确，才能实现资源最大化，效益水平提升，产生协同创新的效应，实现各创新主体相互协调与配合，进而实现高职院校实验室协同创新管理机制的不断调整与优化和各主体之间的相互协调运转，提高工作效率，产生更多科研成果，促进高职院校、企业与社会协调发展，使实验室的各种功能都得以充分发挥。为此，高职院校实验室各协同创新主体之间应理念相通，达成共识，供求互补，协同发展，共同促进全社会和全人类的进步与发展。

（三）协同创新信任和激励机制

信任与激励机制是高职院校实验室各创新主体协同的基础。形成以信任为基础和前提的协同创新价值，为各创新主体协同创新治理提供了行为准则、制度标准以及方法总和。利用各创新主体之间良好的信任来对高职院校实验室各创新主体之间的行为和动作进行约束、协调与监督，增进各创新主体间的合作信誉机制，实现长效合作，提升实验室的利用效率，实现实验室存在的价值。

高职院校实验室协同创新管理的目标是完成高职院校实践人才培养的教学工作，完成实践人才培养的目标，同时也为培养实践与创新能力人才提供场所。信任是实验室协同创新的最重要基础。由于各创新主体之间差异显著，协同创新的出发点和落脚点各异，导致协同创新方向性各异。鉴于此，构建宽容有序、彼此信任、目标一致的激励机制，才能提高高职院校实验室的协同创新管理水平，减少合作中的摩擦与损失。

道德理念是高职院校实验室协同创新的底线和准则，也是使力量凝聚在一起的重要因素之一。但无论何种合作，重要的是人与人之间的合作，各合作主体自身的主动性与合作性成为高职院校实验室协同创新管理的重要组成部分。

二、高职院校实验室协同创新管理的支撑模式

高职院校实验室协同创新管理中各协同创新主体间相互作用，相互制约，相互融合，构成高职院校实验室协同创新管理的支撑体系。因各创新主体之间的文

化底蕴、制度约束与实践能力存在差异,所以合理整合各创新主体的优势,为高职院校实验室协同创新管理提供良好的环境,既有助于优化实验室的教学与科研结构,也有助于夯实实践教育和创新教育的基础,培养更优秀的社会实验实践人才。

(一)有效的组织管理机制

高职院校实验室作为我国实验实践教学的重要组成部分,对我国高职院校人才培养和改革贡献了巨大力量。国际一流大学非常重视国家重点实验室的建设与发展,我国高职院校也正在进行转型,突破了"满腹经纶"人才培养模式的制约,正在向实践能力强、创新水平高的综合型人才培养模式转变,实现高职院校改革和发展的目标。虽然国内各高职院校专业划分详细,但为了满足跨学科人才培养以及跨专业科研项目的实现,高职院校实验室需要与本校内部各创新主体做好沟通,同时也需要与本实验室外部各创新主体之间进行有效沟通,这也恰恰是当前我国高职院校实验室所欠缺的。我国高职院校多采用重理论、轻实践的教学模式,"学研用"脱节现象时有发生,严重制约着当前高职院校改革的步伐,迫切需要构建理论功底深、实践基础扎实、创新能力强的现代新兴人才培养模式,而实验室成为实现这一目标的关键。

(二)有效的人才培养机制

作为人才培养重地,高职院校实验室需要突破制约其协同创新管理的机制壁垒。精简机构冗余的管理模式,以服务他人和为他人服务为中心,建立多部分、多主体、多机构协同创新管理的全新机制,明确各方责任,建立组织有序、效率高、信任度强、相互激励、相互沟通的现代组织模式;以共同的实验室建设与发展为目标,以人才培养为主体,以实验科研提升为支撑的现代组织模式;创建理念共识、资源共享、平台共用的现代高职院校实验室协同创新管理机制。首先,高职院校实验室与高职院校其他部门建立内部跨专业教学,开展跨学科科研工作,增强学生的实践与科研能力,增进高职院校教学与科研水平,提升学校的社会信誉。其次,充分利用校外资源,与政府、企业、产业、非营利组织、兄弟院校以及国际一流重点实验室等构建外部协同组织机制,用以弥补当前我国高职院校实验室协同创新管理的不足。

三、高职院校实验室协同创新管理的开放运行模式

协同创新是高职院校实验室管理的重要组成部分，但由于创新在高职院校应用时间较短，实验教学在高职院校中的重要地位才刚刚凸显，因此政府、高职院校、企业与产业以及国际一流重点实验室协同合作对高职院校实验室的影响尚处于初级阶段。且开放运行模式中主要以政府投资为主，社会资本进入较少，直接影响了高职院校实验室协同创新的开放进程。

（一）建立责任鲜明的内部分工机制

高职院校实验室协同创新内部分工责任机制的内容具体、责任鲜明，确保实验教学、实验管理与实验室科研协同有序发展，成为实验室管理、教学与科研的重要基础。只要有足够的教学、科研和管理能力都可以竞聘实验室协同创新管理的各个岗位，通过竞争形式获得职位和能力的提升。

（二）积极扩大开放共享的范围

高职院校实验室主要由政府和高职院校进行投资，尤其是近几年大型重点仪器投资比重不断加大。为提高实验设备利用效率，促使高职院校对社会发展做出更大贡献，高职院校实验室应积极提升实验室设备开放共享水平，开放的对象可以是本校师生、兄弟院校的师生、社会企业、政府部门以及国外高职院校等。

（三）形成有效合作与良性竞争相结合的竞争激励机制

通过高职院校实验室这一开放与共享平台，进一步加深高职院校实验室内部协同水平，鼓励高职院校内部实验资源全面共享与开放，通过跨学科、跨专业实验室开放和共享提升整体创新水平，产生更多的科研成果；激励高职院校实验室与其他外部机构交流与合作，激发更多的科研思维，推进高职院校教学改革的进程。

四、高职院校实验室协同创新管理的保障模式

高职院校实验室协同创新管理保障机制特指实验室完成教学与科研工作，必须依靠高职院校自身以及政府资金、政策和制度保障，形成任务明确、职责透明以及权利限制的相互协调、互相促进的管理主体。

(一)协同创新制度设计机制

高职院校协同创新过程中既要明确各创新主体的利益分配制度,明确各创新主体的职责,构建完善的自我约束机制,也要利用高职院校实验室的优势,积极拓展与校外其他利益主体的合作,发挥高职院校实验室创新的主动性。从某种意义上讲,协同创新集聚各创新主体的资源优势,立足更高层次、更宽广平台形成高职院校实验室协同创新管理模式。但在实际运行过程中,高职院校实验室内外协同各主体之间存在利益之争,不同创新主体之间的利益诉求千差万别,资源可利用程度不同,各创新主体的追求目标也不一致。因此存在"资源自私"模式,很难实现资源的全面共享,导致实现高职院校实验室协同创新面临诸多困境。

高职院校实验室协同创新管理本质上是一种实践设计问题,同时也是一种制度实践问题。要实现高职院校实验室协同创新管理,必须将协同创新的理念灌输于各创新主体,全面系统设计协同创新管理的制度机制,通过理性的制度设计以及组织结构的合理安排,实现各创新主体间的相互影响,实现高职院校实验室协同创新管理的螺旋式上升模式。

(二)协同创新的资源投入机制

任何事物的正常运转都离不开资金的支持,足够的资金投入成为高职院校实验室协同创新的重要保障。政府作为高职院校建设资金的重要提供者,充分意识到培养现代综合型人才和进行科研开拓都离不开高职院校实验室,应加大高职院校实验室建设的投入,并构建相应的绩效评价机制,不断提升高职院校实验室在人才培养和科研方面的重要作用。政府通过政策引导和制度支撑对高职院校实验室协同创新进行干预,促进高职院校实验室的单一教学功能向教学、科研转换,以便更好地服务于社会;高职院校对实验室的资源投入比重,一定程度上体现高职院校对实验教学和科研的重视程度,而建设经费不足往往成为制约高职院校协同创新发展的重要瓶颈。因此,高职院校实验室应建立多层次、全方位的资金投入体系,积极拓宽资金获得渠道,引导政府部门、企业和其他组织对高职院校进行投资,为高职院校实验室进行内外协同提供雄厚的资金支持。

第五节 高职院校实验室校企协同管理的创新形式

高职院校实验室是培养学生实践能力、创新能力，实施素质教育的重要场所，高职院校的实验室建设是衡量学科建设水平乃至学校办学水平的重要内容之一。随着高职院校办学规模的不断扩大和办学层次的不断提高，实验室建设的相关问题如经费、师资、用房等矛盾日益突出。如何充分认识实验室建设在办学中的地位和作用，科学、合理地进行实验室建设的规划，调动各方面的积极性和创造性，推动学校实验室建设和实验室管理工作实现跨越式发展，是我们当前应重点思考的问题，也是现在高职院校实验室建设和管理研究的趋势。

"协同创新"是指通过突破创新主体间的壁垒，使创新资源和要素有效汇聚，充分释放彼此间"人才、资本、信息、技术"等创新要素活力而实现深度合作。如何更好地进行协同创新实验室建设管理与研究可参见以下几点。

一、校企协同创新实验室的建设理念及建设思路

校企协同创新实验室建设旨在以高职院校的综合科研力量、实验设备为依托，以行业企业研究项目为载体，整合学校、企业的优势资源，鼓励高职院校同企业开展深度合作，建设协同创新的战略联盟，促进资源共享，转变高职院校科技生产方式，打破高职院校传统的封闭、孤立的实验室建设模式，建立教学、科研和社会服务相结合的实验室建设理念。建立协同创新实验室的基本原则是开放、联合、创新。

二、校企协同创新实验室的方案策划

在经过前期缜密调研的基础上进行方案策划，设定校企协同创新实验室的建设方向，一般包括两个方面：人才培养协同和研究合作协同。人才培养协同主要是指以校企协同创新实验室为纽带汇聚企业资源，共同致力于学生的培养，包括企业的专业实践、校外第二课堂企业实践平台，在学生培养上形成合力，实现多维度、多层次的联合培养；同时学校也为企业进行相关理论知识的人力资源培训，提高学校自身的社会服务能力。研究合作协同主要是指学校与企业开展科研

工作方面的合作。

三、校企协同创新实验室的利益分配机制

校企协同创新实验室利益分配机制是指各协同方对协同创新过程中所形成的利益进行分配的一套合理的方法。校企协同创新实验室实行对外开放就使得校企协同创新实验室的良好运行需要有合理的利益分配制度。对协同主体之间的研究经费以及创新成果收益等进行科学合理的分配是校企协同创新实验室的稳定良好发展的保障，同时可以激励新的协同创新需求，实现高职院校协同创新的良性循环。高职院校协同创新的利益应遵循公平和客观的原则，应用科学的方法进行分配。协同各方都希望通过协同创新实现共赢的目标。

校方协同单体可将自行创收所得的部分收入投入学校的其他实验室建设项目中，以此争取学校的进一步投入，从而拓宽资金的投入渠道，形成校企共同投资建设实验室的新局面。

四、校企协同创新实验室的组织建设

（一）人力资源的深度融合

协同高职院校每学期要从企业科研骨干中引进占校实验教师比例的 1/3 数量的人员来校进行实验教学和实验室建设工作，以此来保证实验室教学的时效性及实验教学的真实性。同时，依托学校优势的教育资源，可以为企业提供多层次、立体型的创新型人力资源培训，为公司的可持续发展提供很好的人力资源支撑，提高高职院校实验室建设的社会服务性能力，同时也能提升学校的实际应用开发研究方面的能力。

（二）信息、实验设备、实验室等资源的深度融合

在信息、实验设备、实验室等资源方面互通有无，进行资源共享，合理利用；通过签署权责分明的合作协议，建立相应的管理机制，从而达到实验室创收的最大化。

（三）科研工作的深度合作

以校企协同实验室为依托，组织相关教师进入企业一线了解所存在的难题，

进行联合技术研讨，在此基础上双方经常性地进行人员互动与交流，并保持实验室与企业的良好合作关系，真正做到产学研一体化建设，联合开展重大科研项目攻关。

五、校企协同创新实验室的监督考核评价模式

校企协同创新实验室建设的目的是为了培养出更好的人才并提高科研能力进行社会服务。对于其监督考核评价应该是多样性的：从人才培养考察点来看，可通过对参与实践教学改革的参与度、实践教学需要的满足度、实践教学质量提高度等方面来对实验室的建设进行监督考核评价；从科学研究考察点来看，可通过实验室获得的成果的数量、校企协同创新实验室人员所发表的论文和专利的数量，以及实验室所承接各层次科研项目的数量等方面来对实验室的建设进行监督考核评价；从社会服务考察点来看，可通过校企协同创新实验室面向社会开放、仪器资源的共享使用、服务经济社会发展等方面所取得的成效来对实验室的建设进行监督考核评价。

六、校企协同创新实验室的建设面临的问题

（一）建设协同创新式实验室

依据学校的发展规划，在实验室建设上有针对性地进行建设，兼顾全局，着眼未来。校内实验室主要是教学型实验室，由于实验室的局限性，培养出来的学生缺少紧跟企业需要的技术，所以在建设开始之初要联系实际企业工作需要，在实验设备的选择上与企业生产水平相适应，以企业研究项目技术需要为引导，与企业相关人员扩大交流，进行协同创新实验室的建设。

（二）处理好人才培养、科学研究、学科建设之间的关系

由于部分高职院校的教学设备的更新跟不上企业设备的换代，因此培养出的学生毕业后无法操作企业较为先进的设备，这就使得学校在实验室建设过程中要跟踪最新的技术发展动态，联合企业实际需要去进行人才培养设定和学科建设。

同时也要尊重教育的基本规律，有效整合高职院校与企业的创新力量和资源，促进优质资源的全面共享，推动高职院校人才培养质量、科学研究和学科建设能力的同步提升。

（三）基于校企协同创新实验室的教学设计与实施

为加快转变经济发展方式，推进经济结构战略性调整，高职院校需要对相关教学进行重新设计，应主要以学生综合实践能力的培养和提高为目标，以校企协同创新实验室为切入点。校企应共同设计培养方案、教学体系、实践教学安排以及评价方案，共同承担专业课和毕业设计，共同实施质量监控，在产业背景下激发学生学习的主动性、针对性，强化应用知识解决实际问题的能力，真正实现学生的知识、能力、素质协调发展，使学生培养与社会需求实现无缝对接。

（四）校企协同创新实验室的管理体制及运行机制的创新

在协同创新实验室的建设上，要以机制体制改革引领协同创新，力争突破高职院校内部以及外部的机制体制壁垒，实行学校与企业共建共管；充分发挥学校多学科、多功能的优势，打通基础教学研究与企业实践的复合交叉培养环节，进而培养具有创新力、实践力的高素质创新人才；根据实际项目合作情况需要，实行动态管理，逐年进行管理修正。

校企协同创新实验室的建设目的旨在校企协同培养人才，其根本的目标是培养学生的社会实践能力，强化学生应用知识解决实际问题的能力，培养出知识、能力、素质协调发展，真正能适应经济社会发展需求的高素质应用型人才，提高人才培养质量，这需要学校、企业、老师、学生等共同努力。

校企双方应在充分交流的基础上，加强协同创新体制的建设，完善利益机制等，让学校和企业真正了解彼此的需求，寻求利益平衡点，才能更好地建设协同创新实验室，真正实现双赢。

第六章

高职院校实验室协同创新管理实践案例

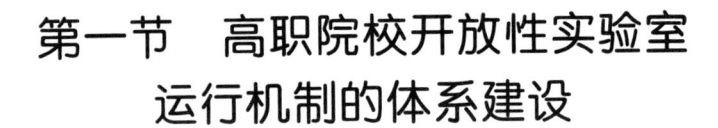

第一节 高职院校开放性实验室运行机制的体系建设

随着现代教育的发展，各项设施不断完善，为学生提供了更加有利的学习条件。为了满足学生的需要，我国各个高职院校建立了开放性实验室，为学生提供能够进行深入学习与研究的场所。这项举措对于学生来讲无疑是非常有利的，它不仅能够辅助自己达到学习目标，而且能够丰富学习生活，进一步提高自身的学习与探索能力。开放性实验室的设立是广大高职院校的明智选择，不仅促进了学生的健康成长与进步，同时也为自身教学水平的提高提供了新的思路。从长远来讲，开放性实验室的设立作用很多，需要进一步保持与发扬，才能够更好地发挥它的作用。

一、高职院校开放性实验室存在的必要性

（一）教育发展的要求

我国的教育整体朝着更加高效、科学的方向发展，这是时代进步的要求，也是教育发展所要达到的目标。为了使教育的发展更加高效科学，我们采取了许多具备现代意义的措施，如针对以往学生实践不足的问题建立了实验室，为学生提供有利的场所进行课外学习充实自身。这样既显著改善学校设施，也为学生提供了更加优良的条件。这是新时期高职院校教育发展需要采取的发展策略，也是为了教育的长足发展而必须要实行的措施。

（二）学生进步的需要

学生的能力由多方面构成。书本上的知识只是基础性的，学生不能只掌握书本上的硬性知识，却对如何运用没有自己的观念与方法。我国高职院校的教育一直以来就存在实践不足的问题，新时期的教育要从根本上改变这种现状，实现教育的转型，同时为我国培养人才。高职院校能够实现人才的培养，但是在这个过程中，不能忽视方法与技巧。要解决高职院校学生在学习中存在的不良问题就要从学生的实践方面入手，而建设实验室鼓励学生动手参与就是一个良好的开端，

这在一定程度上能够帮助学生实现进步与成长。

(三)传统教育存在弊端

传统教育过分依赖教材,在实践与研究活动上明显做得不够。这也是教育发展效果不够显著的一个重要原因。因此,在教育发展的过程中,为了扩大发展优势,解决不良问题,众多教育者采取增加实验途径的方法,为我国教育发展提出的新方向。开放性实验室的建立是一种新的途径,它体现出了巨大的科学价值。在新时期要利用好这项策略,实现教育发展的转型,使我国教育发展的面貌能够得到根本性的改变。

二、高职院校开放性实验室的运行存在的问题

(一)参与者不够

高职院校开放性实验室是面向学生而建立的,是为了满足学生的研究与学习需求而设立的。高职院校设立开放性实验室的目的在于促使学生能够主动学习提高自身的能力。这有助于学校科研水平的提高,也有助于进一步彰显学校的教育力量。尽管高职院校做出了许多努力,许多学生在学习方面的态度也得到了转变。但是我们不能忽视高职院校开放性实验室的参与者仍然不够的问题。实验室学习者数量不足的现象非常普遍,导致难以高效发挥开放性实验室的积极作用。出现这个现象的主要原因在于学生自身热情不足且实验室的运行不够合理。

(二)管理不科学

开放性实验室是以学生和教师为主体进行服务的,所以就需要充分考虑到他们的实际需要,在管理方面尽可能做到科学合理,满足大多数人的需求。我国高职院校开放性实验室的管理工作大多存在时间、内容等方面不合理的问题。首先,在时间方面,由于开放时间不足,导致许多学生难以真正深入进行实验研究;此外,在实验内容上对于选修方面重视不够,开设的实验明显不足,学生的实验选择受到了限制。

(三)资金投入不足

高职院校开放性实验室需要相应的资金作为支撑,才能够满足实验室建设的

需求。资金的足够与否是非常重要，会直接影响到开放性实验室基础设施的完善程度与建设水平。目前，在许多高职院校，资金方面的问题成为阻碍开放性实验室建立的重要因素。由于资金不足，实验室相关设备的质量得不到保证，甚至相关设备由于费用较高难以被引入到实验室，无法为学生提供完善的实验设施，从而影响学生进行实验研究与学习。这是众多高职院校必须正视的，也是需要立刻解决的问题。

三、高职院校开放性实验室运行机制的思考

（一）增加评估项目

许多学生对于高职院校开放性实验室持有可有可无的观点，他们认为实验室与自己没有太大的关联，将自身与实验室分离开来。这个问题需要及时解决。首先，教师要发挥改变这部分学生思想观念的作用，在课堂教学中，以生动、富有感染力的语言进行书本知识的讲解，并且穿插叙述实验现象，引起学生的兴趣，鼓励学生主动进入实验室进行体验；然后教师要改变学生的考察方式，将实验纳入考核的范畴，给学生相应的压力。通过这些方式促使越来越多的学生主动进入实验室完成相应的自主学习与研究的任务。

（二）合理安排时间、增加实验内容

高职院校开放性实验室运行时间方面的不合理导致学生的需要难以满足，因此，在时间的开放方面，需要进行适当的延长。不仅白天开放晚上也可以适当延长开放时间，满足学生研究学习的需要。这样有助于促进高职院校开放性实验室运行机制的进一步科学化，能够让更多的学生享受实验研究的乐趣。其次，在实验内容方面，不能仅仅以必修课程作为实验内容，选修也可以适当纳入实验的范围。这有助于学生开展范围更加广泛的研究性学习拓展自己的知识面，提高研究能力。从长远来讲，能够帮助学生在学习方面得到较大的进步。

（三）解决资金问题

解决高职院校开放性实验室资金方面的问题，可以从以下几个方面入手。第一，学校增加资金投入。学校是开放性实验室设立的主体，也是资金的提供者，要充分认识到开放性实验室对于学校发展与学生进步的重要性，每年根据实验室

的发展情况以及学生的需要提供足够的资金,为学生提供优良的条件,帮助他们不断进步。这不仅能够使广大学生受益,也能使高职院校的科研能力得到相应的提高,实现高职院校发展与学生进步的双赢。第二,加强维护,减少损坏。在使用实验室的过程中定期进行检查维修,这样有助于减少对实验设备的损坏,延长设备使用寿命,减少设备重新购入的频率。这在一定程度上能够解决资金方面的问题。

第二节 广东科学技术职业学院提高产学研协同创新水平的对策

珠海市政府发布的相关政策提出,构建现代产业体系,夯实经济发展基础,提升核心技术自主创新能力,深化产学研合作,支持企业和高职院校、科研机构建立产学研创新联盟、产学研示范基地和开展项目合作。自此,在推进教育综合改革有关要求方面,以高职院校改革创新推进创新型珠海建设,希望在珠各高职院校坚持走特色化、高端化、国际化发展之路,真正成为珠海打造创新型城市的动力源。

一、产学研协同创新的现状

(一)产学研合作与协同创新的内涵

产学研合作与协同创新是不同时期产生于不同背景下的两种创新范式。产学研合作是指作为技术创新主体的企业与作为知识创新主体的高职院校和科研院所之间为了实现各自的利益追求,在政府相关政策的指导下,遵循市场运行规律,整合各方资源,充分发挥各自的比较优势,联合进行研究开发和成果转化的活动过程。在协同学理论、系统理论和创新理论的基础上,美国麻省理工学院斯隆中心的研究员彼得·葛洛(Peter Gloor)最早给出了协同创新的定义,即由自我激励的人员所组成的网络小组形成集体意愿,借助网络交流思路、信息及工作状况,合作实现共同的目标。从国内外的实践看,协同创新是指创新资源和要素有效汇聚,通过突破创新主体间的壁垒,充分释放彼此间"人才、资本、信息、技术"等创新要素活力而实现深度合作。产学研合作与协同创新在产生原因、理论基础、参与主体、核心特征、目标追求、实施范围和关键环节等方面存在一定的差别，具体见表 6-1。

表 6-1　产学研合作与协同创新的主要区别

	产学研合作	协同创新
产生时间	19 世纪末 20 世纪初	21 世纪初
产生原因	社会分工、资源禀赋差异	资源分散且封闭、创新效率低下、创新能力不足
理论基础	分工理论、系统理论	协同学理论、系统理论、创新理论
参与主体	企业、高等学校和科研院所	政府管理部门、产业界、学术界、金融界、社会组织
核心特征	多主体多目标	多个主体、一个或多个共同的目标
目标追求	经济效益、社会效益	协同效应、放大效应
实施范围	创新链内部	创新集群、创新系统、创新体系
关键环节	优势互补、供需对接	寻找各创新主体的共同目标、价值和利益均衡点

产学研协同创新是指企业、大学、科研院所(研究机构)三个基本主体投入各自的优势资源和能力，在政府、科技服务中介机构、金融机构等相关主体的协同支持下，共同进行技术开发的协同创新活动。产学研协同创新更强调多个主体间的协作关系以及知识和专业技术的共享，本质是打破人、财、物、信息、组织之间的各种壁垒和边界，为了一个或多个共同的目标进行协调的运作，最终达到"1＋1＞2"的协同放大效应。在产学研协同创新中，高职院校是知识资源和科技成果的提供者，也是创新人才培养的主要基地，高职院校应该结合自身特色和优势，充分发挥科研管理机制对科技创新的激励、支持和引导作用，推动产学研协同创新战略联盟的形成和发展。

国外高职教育模式主要有德国的"双元制模式"、美国的"合作教育"模式、英国的"工读交替"模式、新加坡的"教学工厂"模式等，这些模式的共性是建立在产学研合作基础上，通过紧密联合实际的科技研发工作来加强校企产学研合作。高职院校的产学研协同创新，就是要打破高职与其他普通高职院校、行业和区域的界限，集聚各协同主体创造的知识和创造力作为高职院校的创新资源，实现要素的最优化组合，共同开发新知识、新技术、新设备和新工艺，解决关键共性技术，在研究开发、技术开发、创新应用等方面取得重大进展和突破的创新活动。

(二) 高职院校产学研协同创新存在的问题

1. 高职院校产学研合作层次不高

从合作方式的角度看，产学研合作模式主要有技术转让、委托研究、联合攻关、共建科研基地、组建研发实体、人才联合培养与人才交流、产业技术联盟等。中国产学研合作促进会的调查结果显示，在我国企业与大学、科研机构的合作创新中，大部分为常规技术咨询和委托研究项目，停留在相对较低的层次上，多数是围绕某一领域某一项目的高职院校与企业、政府等之间的单向合作，主要是以项目合作方式为载体，项目合作完成后一般合作终止，项目研究团队解体，无连续性，围绕产业链进行协同创新的重大项目比较少。

2. 高职院校参与协同创新合作动力不足

虽然我国的科技研发投入在快速增加，但科技资源配置不合理、利用效率低、大量的科研成果不能转化为应用技术的问题十分突出。产学研协同创新主体处于不同领域，出发点不同，有着各自的追求目标、价值观念和评价体系。高职院校的科研考核评价体系注重纵向评价，如科研项目级别、学术论文数量、专利类别、获奖层次等，并以此作为教师评定职称和晋升职位的主要考核指标，对科研成果应用要求不高，使得大部分教师和科研人员很少主动去了解企业的技术需求和信息。教师和科研人员面向企业和市场开展技术研发的兴趣、能力和动力不足，制约了应用技术研究和科研成果转化的实现，阻碍了教师技术创新的积极性，难以进行深度科技协同创新。

3. 资源共享机制不完善

产学研协同创新的主体——高等学校、企业和研究院所分属不同的系统，各主体的科技力量自成体系、独立运行、各自为政的管理方式造成协同组织发展缓慢，科技资源比较分散，整体创新凝聚力不强，大型仪器设备闲置利用率低，科技创新信息缺少交流与共享，高职院校科技成果推广平台效率低，高职院校和科研院所的科技成果难以产业化，协同创新主体之间难以满足和适应产学研协同创新的需要等问题。

4. 协同创新的政策环境不够完善

我国政府有关部门为了推动协同合作创新，虽然出台了许多相关政策，但没有从根本上解决问题，政策环境还有待完善。一是相关法规的缺失，我国尚未制定协同创新方面的专项法规及其实施细则，具体可操作的实施细则还有待制定；二是相关制度不完善，我国的知识产权制度在制度和管理体制方面还不够完善，协同创新中遇到的问题不能依法行事和按章解决；三是政策导向不明确，政府在人事、信贷、税收、奖惩、考核等方面的政策导向不够明确，不利于调动协同体各方的积极性；四是协同创新的公共技术平台和中介服务体系有待健全。

5. 企业追逐短期效益，对合作人才培养重视不够

企业往往只注重追求短期效益，自身的研发队伍和能力没有得到发展，技术水平简单停留在引进水平，没有形成增值创新，体现不出科技成果转化的经济效益；企业自身技术力量薄弱，与科研方技术落差过大，一味要求科研方将科技成果直接送到生产线上，并负责全部的技术支持和人员培训工作。这种绝对要求"交钥匙"的方式，使转化成本大大增加，将过多风险不合理地转移给了高职院校及科研院所，因此就谈不上与高职院校及科研院所合作培养人才了。

二、珠海高职院校协同创新发展现状

珠海高职院校结合珠海市科技发展的需要，充分发挥智力优势和研究专长，根据珠海市企业和区域经济需要设置专业和研究方向，有针对性地搭建科技创新平台，为珠海市区域产学研协同创新发展提供了优质的科技人才和科研环境。

地方政府在区域协同创新体系中决定了区域协同创新的政策环境。近几年，珠海市有关政府部门根据国家和省市出台的新政策不断完善规章制度，市科工贸局、市教育局、市发改局等通过制定战略规划、产业政策、财税制度、项目资助、人才引进、创新团队扶持等文件履行"供给"职能。同时，地方政府组织申报扶持一批地方急需的协同创新项目，推进高等学校同科研机构、行业企业的深度合作，促进资源共享；突破自主创新的机制体制障碍，促进各创新主体的协同合作；加快创新力量与资源整合与重组，促进产学研协同创新主体之间的紧密结合。

三、提高产学研协同创新水平的对策研究

（一）制度建设引导，营造发展科研工作的良好氛围

坚持制度先行，建立健全系列科研工作管理办法。根据国家和省市最新政策，先后制定、修订相关管理制度，鼓励教师积极开展以应用技术研发和技术技

能人才培训为主体的科技服务工作,建立知识产权激励机制,充分发挥知识产权对科技成果转化的引导、保障和激励作用。

(二)创新校企协同机制,搭建科研平台,助推科研团队建设

1. 整合校企多方资源,打造高水平协同创新实体

在移动互联网发展的大背景下,移动互联网被列入高新技术产业重点发展对象,一些知名企业包括格力电器、金山网游、魅族科技、远光软件和网易达等纷纷朝着移动互联网方向转型升级,为珠海市移动互联网产业的发展打下良好的基础。随着国家"互联网+"战略计划的推进,移动互联网必将成为珠海市经济转型升级的重要支撑,珠海市经济发展急需大量的移动互联网应用技术人才。

以国家骨干示范校建设为契机,以学校"移动应用开发中心"教学企业为主基地,以"软件技术工程中心"及"软件园"为协同基地,秉承"共同投入、资源整合、优势互补、多方共赢"原则,参照混合所有制和合伙人模式,联合珠海顶峰互动科技有限公司、广东科学技术职业学院电子与信息技术研究所共同打造的基于移动互联网三大平台(IOS、Android和WP),面向手机游戏、移动互联网应用层软件和移动互联网智能终端设备领域应用研发与人才培养的协同创新体,合伙组建"移动互联网应用研发与人才培养协同创新中心"。

2. 协同创新体制机制改革及措施

参照合伙人制度和混合所有制改革思路,构建了基于合伙人模式的组织管理体系。根据协同各方的主要目标和优势,共同协商确定各协同单位的权力、义务和责任,建立有利于决策和管理的中心合伙委员会,作为中心最高决策和管理机构,负责中心重大事务的商议与决策。

建立了协同创新中心管理办法,规范了中心的建设和运行工作。与协同创新中心成员单位签订了全面合作协议,在科技项目合作开发、成果转化、设备资源和人力资源共享、技术优势互补、人才培养支持、实习与就业基地建设等方面建立了联盟关系。把高职院校的"人才培养、科学研究、社会服务"三大功能,有效地拓展到研究机构和企业,使协同创新中心各成员单位有共同的义务和责任,为协同创新中心实质化运作奠定了坚实的基础。创新多方共赢的合伙收益管理办法,在收益分配上,合伙各方按照中心的章程、合伙协议严格履行各自的义务,严格执行收益的分配。

3. 组建科研团队，提升技术服务能力

建立了"互聘共培，双岗双薪"制度，依托"珠江学者岗位"打造了一支移动互联网应用研发与人才培养队伍。成立了以校内专业领军人物、企业具有丰富实践经验的高级技术人员为带头人的智能型移动终端产品协同创新研发团队、游戏软件协同创新研发团队、移动互联网应用软件协同创新研发团队、移动互联网技术技能型人才培养和大学生创新、创业孵化团队，通过带头人的带动、辐射、引导和帮助，不断增强团队技术研发服务能力。

该中心立足学校软件技术、游戏软件、移动互联应用技术和交互媒体设计专业，积极探索"教融于产、产促进研"的产、学、研一体化人才培养，实施"协同创新、协同育人"理念，在中心取得发展的同时促进了学院及各专业的发展。

（三）发挥"两中心"优势，助推合作企业产业升级

深度参与企业技术改造与更新，以真实项目为载体，积极开展行业认可度高、为企业和学校取得效益与成果的应用研发与服务项目，为合作企业产业转型升级提供智力支持。为珠海市合作企业提供技术服务，开展横向应用研发与培训项目并取得了显著效益与成果。受珠海市政府部门、行业企业、高职院校等委托开展技术服务项目。通过研发新产品及技术改造，受珠海市有关单位委托的多个项目完成后实现了成果的及时转化，为企业产生了一定的经济效益。

学校组建的电子商务技术协同培训服务中心与珠三角相关企业以及金湾区政府、珠海网商会、珠海电子商务协会及岭南网商会保持密切合作关系，形成了"政、校、行、企"多主体合作的创新模式。中心为金湾区工业企业、商贸企业及部分创业者举办的"传统企业电子商务转型升级"培训班，覆盖多家企业，有效推动了传统企业电子商务的转型升级。

第三节　协同创新背景下电子商务专业实验室管理新模式探讨

近年来，我国电子商务取得了快速的发展，基于此，教育部已在不少高职院校教学体系中设置了电子商务专业教学；但当前电子商务快速的发展趋势对电子商务专业人才也提出了较多的要求，这就需要依托于电子商务专业实验室教学，

而实验室管理水平和质量的高低与教学质量和学生学习效率又有密切的联系，为此各高职院校必须不断探寻有效的实验室管理新模式，培养大批的商务创新性人才，因此电子商务创新性人才是促进电子商务发展的原动力。因此，在"协同创新"的时代背景下，各高职院校需要不断进行实验室管理优化和创新，这样才能够为电子商务专业的实验教学提供良好的平台和支撑，进而促进实验室教学的水平和质量不断提高。

一、协同创新的内涵简析

美国麻省理工学院斯隆中心的研究员彼得·葛洛（Peter Gloor）最早提出了"协同创新"的理念，并将其定义为：由自我激励的人员所组成的网络小组形成集体愿景，全体组员为实现共同的目标，可借助网络进行工作状况、思想和信息交流。而我国教育部为了促进教育发展和改革，启动了协同创新工程，目的是为了引导全国各高职院校根据国家科学技术尖端领域中涉及国计民生的重大公益性问题、前瞻性问题以及国家急需发展的战略性问题，不断培养出具有良好创新意识和能力的综合人才，这样不仅能促进培养人才自身的综合素质与能力提升，还有助于其更好地满足和服务于国家、社会发展的需求。在这样的背景下，改变和创新电子商务专业实验室管理模式是必然趋势。

二、协同创新背景下电子商务专业实验室管理新模式

开展电子商务专业实验室教学的目的在于培养复合型的应用人才。但是，由于电子商务本身属于一门新型的交叉学科，其涉及的实验室、硬件设备和终端设备较多，若采用传统的管理模式，则难以保证其管理的有效性，为此就必须不断创新实验室管理模式。

（一）合理规划与建设电子商务实验室

合理规划与建设电子商务实验室，不仅能降低其管理工作的数量，同时还有助于提高其管理的质量和效率，为此，在规划和建设实验室时，相关人员需根据教学大纲和计划、学生数量等因素对实验室设备的采购、种类及数量等问题进行规划，这样不仅能实现实验室的合理配置和综合利用，还能同时促进其更好地满足教学计划需求。首先，需对实验室进行合理布局，主要根据不同的实验目的和要求对计算机等设备进行合理摆放，既要保证实验设备的散热性，还需同时方便

教师讲授和学生上机实验。其次，对重点实验室的投入力度需不断加大，主要是保证实验室的硬件建设充足、网络终端通畅等，以保证学生在实验过程中可对实验相关的网络资源进行高速访问，这样才能形成良性循环，促进实验室的教学效率和质量提高。最后，是保证实验室的安全，尽量使用耐用的电路材料，合理进行实验室线路设计以及做好必要的防火措施等，这样才能保证实验设备和师生的安全。

（二）建立规范的规章制度，促进实验室管理水平提高

管理是实验室工作的重点，其不仅是保证实验室正常运行的前提条件，同时也是帮助电子商务专业学生提高其专业能力的基础。为此，各高职院校建立电子商务专业实验室后，就需坚守实验室产学研一体化的发展思路，明确实验室管理工作的目标，并建立规范的实验室管理规章制度，如建立实验人员科研管理方法、实验室设备管理制度、实验人员岗位津贴考核办法等，将培养、选拔实验室学术骨干和领头人放在管理工作的首位，并正确处理实验室科研与教学的关系。想要不断提高实验室教学质量和培养更多的创新人才，还需有效加强实验教学和技术的管理，尤其需加强重点实验室的学术水平和氛围。

（三）健全电子商务实验室科研开发管理

为促进电子商务实验室科研开发和教学水平能力的不断提升，需在实验室管理过程中，不断引进高素质人才，建立一支高效的科研教学队伍，并依托国内外相关专业优秀的研究资源和教学力量，与其进行互访、合作，共同研究电子商务相关的贸易、信息技术、流通、管理等领域的知识和技能。各高职院校还需将在线销售、客户关系管理以及供应链管理作为实验室管理的主要研究内容，并深入地研究电子商务中 EPR、III 3 系统、OA 系统、POS/NIS 系统、电子商务法以及电子政务等。并且实验室在实际运行过程中，还需成立相关的社科基金，帮助企业完成多个委托项目，如帮助其制定企业信息化方案、电子商务解决方案等。

（四）不断促进实验室进行科技成果转化

不少高职院校的实验室均存在科技成果转化不足的问题，究其原因主要是受以下三个方面的因素制约。

第六章　高职院校实验室协同创新管理实践案例

1. 受传统思想观念的束缚，导致科研管理能力不足

我国高职院校实验室在发展过程中，常会存在重科研，轻转化，重水平，轻效益，重成果，轻实践和推广等问题，这些传统的思想对科技人员完成的科研项目的质量具有一定的影响。

2. 缺乏市场导向引导实验室科技成果开发

虽然我国不少高职院校在实验室科技管理上对科研立项与市场经济的结合进行了加强，但仍有不少学校是根据自身所掌握的知识和技能对研究方向和课题进行选择，在未具体调研和预测市场环境与需求的情况下，难以促进部分开发性研究成果进行有效转化。

3. 跨学科综合性协作研究开发能力不足

电子商务专业涉及较多的学科，因此其实验室科技成果的实施必然会牵涉其他相关领域的配套技术，但我国仍有不少高职院校在实验室管理过程中，未足够重视跨学科的成果配套和协作研究。因此，电子商务实验室在引进人才的过程中，需对学科的交叉特点进行强调，并在队伍中设置不同商务应用技术方向的学科带头人，对实验室各个方向的软件开发和系统规划进行主持，然后开发出商务模拟系统、EPR 系统、POS 系统以及办公自动化系统等，这样才能促进产学研一体化道路不断实现。

协同创新就是要打破我国教育科技创新实体封闭和科技资源分散的局面，并充分调动各类科研创新主体的创造性和积极性。因此，将这种理念应用于电子商务专业实验管理中，通过合理规划与建设电子商务实验室，建立规范的规章制度，促进实验室管理水平提高，健全电子商务实验室科研开发管理以及不断促进实验室进行科技成果转化，不仅能有效促进我国高职院校的电子商务实验室建设和管理更加完善，同时还能为电子商务科研、教学提供良好的支撑平台。在学科带头人和各类创新主体的共同合作下，必然会促进专业实验教学水平和质量不断提升。

第四节　美术院校实验室协同创新平台共建共享探析

高职院校实验室是学生巩固理论知识、提高技能的重要场所，是学生把理论变成实践的重要地带。以美术院校工艺美术实验室为例，通过对实验室共享问题的研究，提出提高美术院校现有实验室利用率的设想，希望以此避免一些实验室的重复建设。

随着实验教学模式的推广，实验教学在高等教育中的地位不断提高。现有的部分实验室是以学科为主导进行建设，大多从自身学科角度出发，而不是从学院层面进行规划，因此一定程度上引发了资源分散、重复建设、利用率低等问题。

一、传统课程板块下美术实验室管理模式探析

（一）实现美术实验室资源利用率最大化非常困难

在传统的美术实验室管理上，学生通常是在固定的时间和地点进行实训。因班级人数不一，人数较多班级上课时，可能引发仪器使用紧张、空间拥挤情况。此外，较多美术实验课程只为本学科学生开设，对于兴趣爱好广泛的非木学科学生而言，相对缺少了实训机会，一定程度上造成了美术实验室的功能单一和使用不充分的情况。

（二）美术实验室仪器未合理安置与使用

由于美术实验室归属美术这一学科，因此，该实验室的实验仪器全部以美术学科为主进行购置。高职院校在购置美术实验仪器的过程中出现了重复购置、购置不足的情况，导致经费不足；还有些高职院校的美术实验室没有充足的场地，导致已经购置的美术仪器无法展开使用，甚至出现了还未使用就已经因为技术落后而被淘汰等情况。

二、协同创新理念下美术实验室管理模式探析

（一）提高资源共享力度，拓展美术实验室开放性

高职院校美术实验室多以教学为主，因此就学生日常校园生活而言，美术实验室不对学生开放，导致美术实验室的资源不能在非教学时间内使用，使美术实验室的仪器长时间处于闲置状态，不能得到有效利用。高职院校可以充分利用学院实验中心这一平台，将美术实验室的资源统一进行电子化管理（即建立实验室网络系统），根据各班级使用需求进行统筹规划及数据跟踪；在美术实验室使用

时间、使用工具、学生人数等方面通过电脑系统进行合理调配，使美术实验室仪器被高效利用，实现美术实验室资源共享。同时，学生也可以通过网络系统进行课外实训预约及申请耗材、仪器设备等，从而使美术实验室的资源被充分使用。此外，在耗材购买上，实验员可以通过网络系统的数据对比，更好地把握耗材使用量，做到更为精准，节约资源。

（二）完善美术实验室管理机制，加大信息技术利用力度

优质的管理机制是协同创新下各项管理工作顺利开展的指导策略与前提，其制定与应用质量会对管理工作具体开展效果形成直接影响。在具体进行管理机制改革与创新的过程中，一方面，要依照美术实验教学体系完整性水平进行分析、提升，从而构建模块化、层次化美术实验教学体系管理机制，实现对美术实验室资源的合理分配与利用，确保每项资源价值都可以得到最大化发挥；另一方面，要按照美术实验室仪器设备层次、档次对其展开分层化管理，普通仪器设备由相关部门直接进行管理与使用即可，贵重仪器设备必须由高职院校管理层直接进行管理。同时，加大对现代信息技术的利用力度，借助技术优势对美术实验室管理形成有效辅助，从而有效减少人力方面的投入，确保美术实验室以及实验室内设备可以得到更加精准、高效的管理与监控，进而为广大师生营造出更加理想的实验室应用环境。

（三）实现教学科研结合，提高美术实验室功能多样性

高职院校要进一步加大对美术实验室功能的开发与应用力度，要在对美术实验室教学实验功能进行深入挖掘的基础上，对科研探究以及美术实验型创作等功能展开全面研究，确保美术实验室功能可以向多样化方向发展。在对美术实验室硬件配置以及规模进行不断优化的基础上，高职院校要结合美术学科教学专业特点，创造出一些极具专业性的创作项目，吸引广大师生参与其中，从而有效提高美术实验室的利用率，保证美术实验室的建设成效。同时，美术实验室科研人员也要加大在美术专业教学方面的参与力度，充分发挥自身的专业优势，提高专业科研项目研究水平，确保专业实践教学能力得到切实强化，进而为学生带来更加优质的美术专业学习体验。

三、协同创新理念下实验室共建共享优点探析

"协同创新"理念下的实验室共建共享，从实验中心的角度出发，在一定程度

上提高了实验中心管理效率,也增加了管理覆盖面;从实验室角度出发,提升了实验室的开放率和利用率,加大了实验室综合实验的比例,也扩展了实验室的可利用空间;从学生角度出发,增加了学生实验的便利性,提高了学生的学习效果,也能让跨专业学生参与实验,增加了跨学科师生之间的学习交流机会,使学生掌握的知识技能更具全面性,从而能更好地培养学生的创新实践能力。

"协同创新"共享共建模式,是高职院校实验室管理新模式的一次探索,也是今后实验室管理的一个重要发展方向。该模式在一定程度上减少了实验室资源的浪费,提高了实验室的利用率,这对于转型人才的培养有着举足轻重的作用。我们将不断地创新实验室资源管理模式,为师生提供一个良好的平台,使实验室真正成为培养适应社会发展需要的创新性人才基地。

第五节 高职院校专业群与中小企业协同创新模式案例研究

我国学者近几年开展了针对校企协同创新模式的研究,欧阳波仪和易启明对高职院校开展的校企协同创新模式进行分析,并总结出了协同创新中心、Work Group 和战略联盟三种模式。罗金彪对企业主导的校企协同创新模式进行系统研究,总结了该模式运行中存在的问题,并对如何基于企业主导的校企协同创新模式从策略上提出了构想。从现有的关于高职院校与企业协同创新模式研究的文章来看,现有成果主要侧重于对协同创新模式的归纳总结,并进行描述性分析,少有结合具体案例对校企协同创新模式展开深入分析的成果。

研究试图解决三个方面的问题:①我国高职院校专业群与中小企业协同创新中存在哪些问题?②国内外高职院校专业群与中小企业协同创新主要有哪些模式?③国内外高职院校专业群与中小企业协同创新的典型案例对其他高职院校的发展有哪些启示?

在对高职院校专业群和中小企业协同创新的相关理论进行分析的基础上,学者们提出了高职院校专业群和中小企业协同创新的主要模式,并结合典型案例进行了分析。高职院校专业群与中小企业协同创新模式案例研究可帮助我国学者掌握高职院校专业群与中小企业协同创新的模式及其应用实践的前沿发展态势。

第六章 高职院校实验室协同创新管理实践案例

一、高职院校专业群和中小企业协同创新的理论研究

(一)"专业群"概念界定

所谓高职"专业群",就是由一个或多个办学实力强、就业率高的重点建设专业作为核心专业,若干个工程对象相同、技术领域相近或专业学科基础相近的相关专业组成的一个集合。由"专业群"的概念可知,一方面专业群中的专业往往与行业,尤其是地区特色行业密切相关,其人才培养目标、培养体系、培养方式具有高度契合点,便于实现资源共用;另一方面,专业群与学院学科发展具有密切联系,往往是以某一较强专业为依托而发展形成的一类背景和基础相同的学科。高职院校专业群是市场经济和就业机制变革的产物,是高职院校为了使专业建设适应市场需求,利用有限的教育资源满足学生学习需求而进行的专业集合。专业群中各专业具有相同的工程对象和相近的技术领域,彼此联系又相互独立。合理有效的专业群建设是校企协同创新的良好基础。

(二)协同创新

协同创新是以知识增值为核心,企业、政府、知识生产机构(大学、研究机构)、中介机构和用户等为了实现重大科技创新而开展的大跨度整合的创新组织模式。教育部相关计划将协同创新中心分为面向文化传承创新、面向科学前沿、面向行业产业和面向区域发展四种类型。协同创新在运作中的核心要素主要包括知识产权的归属、经济利益的占有比例、知识转移和过程管理等。协同创新的校企合作主要涉及资源、知识和行为三个方面的整合,其中主要包括知识的分享与整合、资源的优化配置和行为的同步优化。

(三)我国高职院校专业群和中小企业协同创新存在的问题

1. 高职院校协同创新中忽视中小企业

我国现有经济环境下,大型企业从待遇、发展前途、稳定性、抗风险能力等方面都优于中小企业,尤其是相对于国有企业的垄断地位,中小企业更是难以望其项背。而当下社会观念已将高职教育贴上"没前途"的标签,高职院校面临招生难的困境,因此高职院校往往更倾向于选择大型企业协同合作。一方面,与大型企业的合作伙伴关系更容易吸引考生及家长,而对中小企业的接受度较低;另一

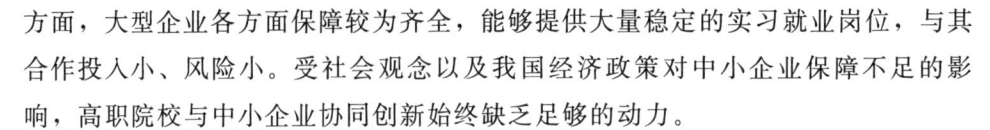

方面，大型企业各方面保障较为齐全，能够提供大量稳定的实习就业岗位，与其合作投入小、风险小。受社会观念以及我国经济政策对中小企业保障不足的影响，高职院校与中小企业协同创新始终缺乏足够的动力。

2. 高职院校的人才培养目标和专业设置脱离市场需求

近年来，我国就业市场出现就业难和招工难问题共存的矛盾情况，这种情况是由于高职院校专业设置、人才培养与市场需求不匹配造成的。部分高职院校盲目开设热门专业，盲目扩招，而不经过市场调研，不与企业及时地沟通，校企对人才的定位存在偏差，因此人才培养与社会需求严重脱节，高职院校毕业生难以适应企业实际工作的需要。

3. 高职院校和企业协同创新的体制和机制不成熟

目前，我国高职院校与中小企业合作仍处于自发状态，政府支持与投入不足，尚未形成强有力的校企合作的机制和运作平台以保证协同创新的有序进行。大多数高职院校与企业的融合仅仅停留在学校为企业提供毕业生、订单式培养、校企互聘互访的阶段，学生进入企业实习相对较难，时间也较短，很难保证高职院校培养的应用技术型人才能满足企业和社会的专业要求。

二、高职院校专业群和中小企业协同创新模式

（一）按学科专业群成立校企合作专业委员会

打破传统的行政管理方式和运行机制，高职院校按专业群从骨干中小企业挑选企业专家参与高等院校学科专业群的建设，按学科专业群成立校企合作的委员会，对专业人才培养目标、课程体系设置、实践环节、实训基地建设等提供指导和建议意见。同时，从中小企业发展来看，能让企业高层领导以及高级技工参与学校专业建设，把学校发展纳入企业自身的全球化人才战略和部署中，与学校协同解决高职院校专业建设中的战略性问题，如学生未来发展方向、专业设置、人才培养目标等。同时企业具有敏锐的市场洞察力，能帮助学校依据市场需求及时调整专业设置和人才培养目标，有效避免学校人才培养与市场脱节的问题，实现校企联动的运行体制。

（二）高职院校和中小企业联合培养专业人才

校企联合培养人才是高职院校专业群建设中较为普遍的一种协同创新模式，

具体联合培养方式因专业需要、地域差异不尽相同。校企联合培养人才的一般方式有校企联合制定培养目标及方案、共建教师团队（尤其注重"双师"团队的建设）、规划课程设置、联合编订教材以及顶岗实习等，强调"工学交替，岗位成才"。校企联合的人才培养模式，有助于课堂教学与企业生产实现无缝对接，使学生能够在学习期间学到真正应用于工作的实践技能，减少工作前期的磨合，缩短学校教育与企业生产的适应期。校企协同的人才培养模式，是高职院校人才培养模式的巨大变革，可以有效弥补学校实践应用经验的不足，做到理论与实践的融合与互补，发挥企业得天独厚、不可替代的作用。

（三）高职院校和中小企业共建科技创新平台

高职院校和中小企业共建科技创新平台，是一种十分有效的学校与企业资源融合的方式，企业能够对市场需求做出快速反应。但中小企业往往无力成立自己的科研机构，长此以往不利于企业技术的更新和企业的持续发展；而高职院校拥有丰富的知识和人才资源，有能力将科技创新应用于生产实践，但科研活动往往缺乏市场导向，科技成果难转化于生产应用。因此，校企双方通过协同，相互"借力"，共建项目研发中心，由高职院校教授与企业科技人员共同组建研发团队，从而实现对相关专业技术领域的联合攻关，发挥学校专业人才和企业市场需求相结合的各自优势。

（四）高职院校和中小企业建立学生实习实训基地

学生实习实训基地的建立，实质上是校企联合培养人才的拓展和延伸。高职院校的主要目标是培养高级技术人才，应当注重对学生实践能力、职业素养、创新能力的培养。而学生到企业进行一线实习的机会有限，因此实训基地的建立有效弥补了实践教学的不足。"课堂走进工厂"的教育模式，打破了重理论轻实践、"纸上谈兵"的传统教育模式，实习实训基地现场教学，可以使学生深入了解本专业，在实践中发现问题、思考问题并解决问题，为学生提供一个开阔视野、提升自我的平台；同时，通过操作性较强的实训，可以提高学生的动手能力、创新能力，获得更多的专业技能，也进一步认识到社会发展及生产实践的具体需求。

三、案例分析

(一)德国代根多夫应用科技大学与中小企业协同创新案例分析

代根多夫应用技术大学位于德国南部的重要工业城市巴伐利亚州,是德国最优秀的应用科技大学之一,设有五个学院,包括机械工程与机电一体化、工商管理与计算机科学、自然科学与工业工程学院、电气工程与媒体技术、土木与环境。汽车制造业是巴伐利亚州的核心产业,众多中小型工业企业聚集为当地应用科技大学与企业协同合作创造了得天独厚的条件,促使当地高等教育形成产、学、研高度一体化的教育模式。代根多夫应用科技大学与中小企业协同创新主要模式如下。

1. **专业设置面向企业需求**

德国应用科技大学专业设置不追求全面,不盲目开设热门专业,而是以严格仔细的市场调研以及和当地企业的反复沟通交流为依据,选择企业急需的专业,有针对性地培养专业对口人才。学校、教育部和企业三方根据社会需求和发展,共同商讨决定新专业的开设,新专业从申请到设定也需要一定的时间。代根多夫应用技术大学所在区域有宝马和奥迪的马达生产厂、纺织工业机械的轴类生产加工厂、硅片生产和玻璃加工基地等企业,学校就面向企业开设了机械工程与机电一体化、电气工程与媒体技术、企业管理与商务信息、土木工程与环境管理、自然科学与工业工程等专业和课程。同时,德国应用科技大学密切关注地区企业的变动情况,根据当地工业发展情况,及时对专业进行增删。德国未来将会关闭所有核电站,这意味着核能将被其他新能源所取代,诸如风能、地热能、水能等,因而德国未来将急需新能源技术人才,据此,代根多夫应用科技大学设立新能源技术专业,对口培养新能源开发、存储、管理专业人才。

2. **企业直接参与学校管理**

代根多夫应用科技大学无论是行政管理,还是教学管理,均有企业的高度参与,管理团队均包括企业人员。大学董事会由一定数量成员组成,其中一些人为企业人员;校董事会平均每年都会开一定次数的会议,针对学校发展方向、发展目标等战略性问题以及专业设置、课程设置、人才培养模式等问题进行探讨与分析,支持学校重大问题决策。同时,代根多夫大学具有一项特殊的"校外导师制度",这一项目受企业资助,专业素质、沟通能力较强的学生可以申请企业专家作为校外导师，帮助和指导学生完成专业课程学习、项目研究和毕业实习等学习过程。

3."双元制"教学模式

"双元制"教学模式是德国独创的一种教育教学制度，深度融合了学校与企业，现已成为世界高职教育模式的典范。"双元制"教学模式与先入学后工作的传统教育模式不同，它采取先找工作后入学的方式。企业通过网站、日报等官方渠道发布招聘信息，学生应聘后再由企业送到合适的高职院校进行学习。学生在学校学习期间，企业会提供一定的生活补贴，并为其量身定制人才培养计划。"双元制"教学要求学生专业理论知识学习与职业培训双向交替进行。一种方式为第1和第2学期在大学，第3和第4学期在企业，随后再返回学校继续学习；另一种方式是常规的7学期，假期在企业进行实习，在大学读书时带着专业方向来学习。无论哪种方式，"双元制"教育都强调理论学习与实践的交替进行。此外，在德国，应用技术大学的教师不仅要有博士学位和高职院校任职资格，还必须有一定年限以上的实践工作经验；学生培养方案也由行业专家、企业家、学科带头人、高级培训师、心理学家等共同研究制定。

4. 企业研究机构进校园搭建创新平台

德国企业将研发工作与高职院校人才培养工作紧密结合起来。一方面，企业会资助高职院校实验室建设，将企业研发部门"搬"进校园，企业与高职院校教授共同进行产品研发，例如德国著名建筑材料公司 Linder，在代根多夫大学设立中小企业研究基金会等机构用于本公司产品研发工作；另一方面，在政府的支持下，代根多夫应用科技大学针对区域内企业需要，设立了多个工业园区，搭建起教授与企业协同研发的创新平台，研发结果用以支持企业战略决策。

(二)我国广州铁路职业技术学院与中小企业协同创新案例分析

广州铁路职业技术学院(以下简称"广铁学院")是一所培养铁路、轨道交通专业人才的全日制高职院校。近年来，顺应产学研协同创新的大方向、大潮流，广铁学院充分整合利用区域教育资源，深化校企合作，构建集教、培、训、练、创为一体的多样化新型创新教育平台，利用专业优势，和福州市城市地铁有限责任公司、湖南联创企业等众多企业建立了共同办学、互利互助的良好伙伴关系。广铁学院与中小企业协同创新主要模式如下。

1. 建立校企实训基地

一方面，广铁学院重视与国际高职院校及企业的合作，培养与国际标准接轨的应用型人才。学院与德方联手打造数控仿真模拟实训室，并以此为基础共同编制《数控机床操作与编程》课程，为德在华企业培养人才的同时，借鉴和吸收发达国家职业教育方面的优势，充实和发展自身高职教育体系。另一方面，广铁学院重视与区域内企业的紧密联系，校企"1+8"模式，即广铁学院同广州、南宁、南昌、苏州等八家地铁公司投资组建了培训学院，成为广铁学院独有的办学特色。一家学院，八企支持，合建机车司机电气化、现代运输等四个专业轨道交通合作学院，在教材编制、岗位制定与评估、教师员工培训、项目开发等方面强强联手，以自身优势建立完善城市交通人才培养机制。

2. "2+1"订单班式培养模式

广铁学院与福州市城市地铁有限责任公司打破传统学院与企业签订就业协议的订单培养模式，加强双向沟通合作，合作办学，在学员人数、课程安排、教学管理等方面沟通协商，同时福州市城市地铁有限责任公司定期安排员工进校进行培训，培训项目涉及车辆驾驶、车辆检修、电气化铁道技术等六个专业。同时，广铁学院与广州地铁、广铁集团、港铁（深圳）公司等企业共同制定人才培养方案，开展订单培养。双方的联合订单培养模式既提高了学院办学质量，又为企业提供了可用、好用的对口专业技术人才。

3. 学徒制人才培养模式

现代学徒制是广铁学院对校企深度合作的又一新的尝试，其核心要素与基本特征是校企一体化双元育人。学徒具有双重身份，工学交替，岗位成才。广铁学院与天马微电子股份有限公司合作，开展校企双方联合培养的学徒制教育模式。校企双方成立现代学徒制工作小组，制定联合招生招工方式，并确立学生管理制度。招生采取以企业为主，学校协助，"先招生，后招工"的方式进行，组建现代学徒制班。教学团队成员由教研室专任教师、企业人事培训科讲师、用人部门一线师傅共同组成，分别负责专业基础课程、企业职业素养与企业文化培养以及岗位技能传授。整个教学组织采用"1+1"模式，即一年学校学习阶段，一年企业学徒（学生）学习阶段。

4. 健全校企人员互聘互派机制

广铁学院制订了《校企人员互派互聘实施办法》等四项制度，与湖南铁路联创企业建立合作伙伴关系。湖南联创企业派遣大量员工到学院花都示范园培训，同时广铁学院抽派十名教师深入企业实践，开展技术攻关，以专业化视角解决技术难题。广铁学院联手各企业建立了多个双师工作室，充分发挥校企双方的示范作用。

（三）国内外典型案例的对比分析

虽然近年来我国高职院校专业群与中小企业协同创新正在快速发展与变革，且已产生显著的成效，如现代学徒制的联合培养试点的建立就是对传统高职教育模式的一次突破，但由于我国高职教育与中小企业协同创新起步较晚，与国外相比，目前仍处于探索阶段，尚未形成成熟高效的协同创新模式，校企融合度依旧不足。

在学校管理方面，德国企业参与学校管理各个层面，而我国校企协同创新仅停留在教学管理层面，行政管理仍由学校管理团队执行，易导致学校对市场需求把握不准确、人才培养不能顺应市场发展方向等问题。

在校企协同教学方面，德国"双元制"教育模式保证学生有大量的时间和机会深入企业一线学习，而我国虽已认识到实践教学的重要性，但大多数专业仍停留在共建实训基地这一阶段，学生进企业实习难，时间短。

在校企协同研发方面，德国已实现了企业科研机构进高职院校，而我国大多数地区仍处于学校、企业研发各自为营的状态，学校科研成果难转化，企业科研理论知识更新慢，不利于技术的进步与成熟。

在提出我国高职院校专业群与中小企业协同创新存在的问题的同时，也归纳出国内外高职院校与中小企业协同创新的主要有管理体制的协同创新、校企联合的人才培养模式、校企共建科技创新平台以及共建学生实习实训基地等模式。以德国代根多夫应用科技大学和我国广州铁路职业技术学院为例进行案例分析，并从校企协同管理、协同教学、协同研发三方面进行对比分析，对加强我国学者了解国内外高职院校专业群与中小企业协同创新现状，创新校企合作模式，加强校企融合，提高高职院校人才培养效率和质量，以及提升我国教育、经济资源的利用率有一定的积极作用。

参考文献

[1]敖天其,金永东.实验室建设与管理工作研究[M].成都:四川大学出版社,2021.

[2]曹楠,刘冰,丁亚平,吕蔚,李晓辉.化学实验室安全管理现状分析与对策[J].今日畜牧兽医,2020(4):1-2.

[3]董锦绣.高校实验室安全与管理研究[M].沈阳:辽宁大学出版社,2020.

[4]冯寿淳.高校化学实验室安全管理与技术[M].长春:吉林大学出版社,2019.

[5]顾华,翁景清.实验室生物安全管理实践[M].北京:人民卫生出版社,2020.

[6]黄开胜.清华大学实验室安全管理制度汇编[M].北京:清华大学出版社,2019.

[7]焦昕倩,董招君,牛姝.高校实验室安全管理现状分析及对策研究[J].教育教学论坛,2020(21):25-27.

[8]江南.新时期加强高校实验室安全管理的对策探究[J].中国现代教育装备,2020(1):27-29,33.

[9]刘迎春,邹永松.互联网+高校实验室管理[M].成都:成都时代出版社,2019.

[10]李丹,李淑云.高校实验室管理与安全技术[M].长春:吉林文史出版社,2019.

[11]林晓霞,管航敏,田文杰,赵志伟.高校实验室危险化学品安全管理现状及对策分析[J].科学咨询,2020(19):36.

[12]雷敬炎.实验室建设与管理研究[M].武汉:武汉大学出版社,2020.

[13]吕瑨.高校化学科研实验室安全管理现状与措施对策[J].化工管理,2020(32):37-38.

[14]李茜，孔维丽，陈茜茜．浅谈高校化学实验室安全管理现状与对策[J]．化工管理，2020(1)：72-73.

[15]林深原．高校实验室安全管理分析[J]．实验室安全管理，2020(19)：111-112.

[16]刘骥翔，董鹏，董玲玉，李文中．高校实验室危险化学品管理现状及对策[J]．化工管理，2020(4)：85-86.

[17]马丽萍．实验室废物处理处置与管理[M]．北京：化学工业出版社，2019.

[18]孟敏．实验室安全与管理教育指导[M]．咸阳：西北农林科技大学出版社，2020.

[19]马丽丽，陈晓晖，吴跃伟．依托大科学设施的生物安全国家实验室建设经验与启示[J]．科技进步与对策，2019(2)：20-27.

[20]彭雪，薛友林．高校实验室安全管理现状分析与对策[J]．当代教育实践与教学研究，2020(3)112-113.

[21]钱冲．新形势下高校实验室管理[M]．成都：西南交通大学出版社，2019.

[22]荣雪媛．浅析高校实验室安全管理现状与对策[J]．读与写，2020(23)：1.

[23]荣学德，盘鹏慧，杨柳青．普通化学实验[M]．北京：北京理工大学出版社，2020.

[24]施盛江．高校实验室安全准入教育[M]．北京：航空工业出版社，2021.

[25]田磊．高校实验室管理现状及对策[J]．西部皮革，2020(14)：134.

[26]万李．互联网时代实验室安全管理与实践[M]．长春：吉林大学出版社，2020.

[27]王磊，樊燕鸽，高永琳．化学实验室管理[M]．成都：电子科技大学出版社，2020.

[28]王薇，张彬．高校实验室安全管理现状分析与对策措施[J]．化工安全与环境，2021(41)：15-19.

[29]王新平，宋照风，谭杰安．安全管理化学实验室危险化学品的几点思考[J]．广州化工，2020(6)：192-194.

[30]王军峰．高校实验室管理的现状分析与改革对策研究[J]．中外企业家，

2020(9):199.

[31]吴洁,陈磊.高校实验室安全管理现状及对策分析[J].智库时代,2022(44):220-223.

[32]王华梁,杨颖华.医学实验室建设与质量管理[M].上海:上海科学技术出版社,2021.

[33]许洪振,刘姣娣,李先瑄.高校实验室安全管理与对策研究[J].教育教学论坛,2020(13):16-17.

[34]徐丰.高校实验室危化品管理现状与对策[J].化工管理,2020(30):29-30.

[35]熊洁.关于高校实验室安全管理的问题与对策思考[J].计算机产品与流通,2020(5):272.

[36]杨爱萍,蒋彩云.实验室组织与管理[M].北京:中国轻工业出版社,2019.

[37]闫旭宇,李玲.高校实验室管理与安全[M].延吉:延边大学出版社,2019.

[38]尹志军.高校实验室安全管理现状与对策研究[J].花炮科技与市场,2020(3):40.

[39]杨岚.浅析高校实验室化学安全管理的现状与对策[J].广东化工,2020(6):224,226.

[40]周攀登,孟俐俐,王正朝.实验室化学安全基础[M].成都:电子科技大学出版社,2019.

[41]占瑛.论大数据引领高校实验室管理创新[J].中国教育技术装备,2020(19):1-2,13.

[42]翟丽霞.高校实验室消防安全管理现状及对策[J].科学咨询,2020(11):67-68.

[43]朱继稳.高校实验室安全管理策略分析[J].决策探索(中),2020(10):8.

[44]张彬彬.高校实验室安全管理现状与策略分析[J].知识文库,2020(3):216.

[45]张斌.中外高校实验室安全管理现状分析与管理对策[J].今日财富,2020(7):210.

[46]周薇,黄玲,汤明慧.高校实验室安全现状分析与管理对策研究[J].中国卫生产业,2020(22):99-101.

[47]赵志伟,管航敏.高校化学实验室安全管理现状及其对策研究[J].广东化工,2020(16):187-188.

[48]郑琳琳.高校实验室危险化学品安全管理现状与对策[J].湖南安全与防灾,2020(9):41-42.

[49]周前,张心会,饶培军.高校实验室安全现状分析与对策[J].教育现代化,2020(52):146-148,162.

[50]张红,任武刚.实验室规范化管理及安全操作指南[M].咸阳:西北农林科学技术大学出版社,2021.